文天祥

Tianxiang
Wen

文天祥

Wen Tianxiang

皮波人物国际名人研究中心 编著

国际文化出版公司

·北京·

图书在版编目（CIP）数据

文天祥/皮波人物国际名人研究中心编著. --北京：
国际文化出版公司，2012.12（2024.2重印）
　　（名人传记丛书）
　　ISBN 978-7-5125-0429-5

　　Ⅰ．①文… Ⅱ．①皮… Ⅲ．①文天祥
（1236～1283）—传记 Ⅳ.①K827=442

中国版本图书馆CIP数据核字（2012）第199517号

文天祥

作　　者　皮波人物国际名人研究中心　编著
责任编辑　戴　婕
统筹监制　葛宏峰　刘　毅　任立雍
策划编辑　刘露芳
美术编辑　丁鉷煜
出版发行　国际文化出版公司
经　　销　国文润华文化传媒（北京）有限责任公司
印　　刷　北京一鑫印务有限责任公司
开　　本　700毫米×1000毫米　　　16开
　　　　　11印张　　　　　　　　　100千字
版　　次　2012年12月第1版
　　　　　2024年2月第3次印刷
书　　号　ISBN 978-7-5125-0429-5
定　　价　42.00元

国际文化出版公司
北京市朝阳区东土城路乙9号
总编室：（010）64270995　　　　　邮编：100013
销售热线：（010）64271187　　　　传真：（010）64270995
传真：（010）64271187-800
E-mail：icpc@95777.sina.net

目录

目录

目录

富田村的生活

少年文天祥

文天祥（1236年—1283年）出生在江西吉州庐陵县（今江西吉安）富田村。这是一个美丽而宁静的小乡镇，隐藏在重重青山之中，村中有溪水淙淙流过。

文天祥的祖上原籍四川成都。七世祖文炳然从成都移居江西吉州庐陵县永和镇，传到八世文正中又从永和迁至同县的富田村。文正中一支，从此世居富田。

就在文天祥出生的当天晚上，他的祖父梦见一个孩子乘了一朵紫色的云，从层层的彩云间缓缓而降。祖父醒了过来，正是孙子呱呱坠地的时候，祖父于是为他起名为云孙，字天祥。

13世纪初，蒙古族在中国北方强大起来，铁木真建立了蒙古汗国。几十年间，蒙古纵横欧亚，攻城略地，烧杀掳掠，给老百姓带来了极大的痛苦。铁木真的儿子窝阔台继位后，又灭了金国，随即挥鞭南指，准备进犯南宋。对偏安的宋朝而言，这正是暴风雨前的宁静。文天祥悄悄地降生了，生在这片刻的宁静中。

文天祥的先辈是地地道道的庶民，从未做过官，但因为祖辈具有良好的道德操守，在乡间略有名望，被称为"君子长者"。文天祥的父亲文仪，字士表，号革斋，是当地有名的读书人，村子里的人都称呼他革斋先生。

小天祥生得白白净净、眉清目秀，非常讨人喜欢。革斋先生总是亲自教自己的

文天祥铜像

孩子读书写字。天祥是老大，他的二弟文璧，字季万，个性和哥哥不同；老三霆孙，乖巧伶俐，很得父亲欢心；最小的四弟名璋，跟天祥差 13 岁。天祥还有三个妹妹，懿孙、淑孙和顺孙。

他们兄弟四人，拥有一个很幽静的书房，名叫竹居。革斋先生最爱竹子，家中的庭院几乎成了一片小小的竹林，书斋便是建在这一片绿意之中。

有一天，革斋先生指着翠竹问儿子："翠竹有哪些用途

呢？你们说一说。"

弟弟文璧抢先回答："竹子可以做筷子，编篮子，能制床，做桌子、椅子，盖房子，扎扫帚，还可以做扇子、斗笠……"

文天祥接着说："还可以做笔，做竹简。"

"不错！"文仪点点头，"你们说得都对，竹之功用可谓大矣，而它的品性，又可谓高尚。你们能说说它的品格吗？"

文天祥想了想说："竹子质地坚硬，不管风吹雨淋，它都保持正直，从不肯低头弯腰！"

文仪欣慰地笑了，感叹地说："我平生最爱竹子。竹子身可焚而不可毁其节，干可断而不可改其直。做人也要像它这样才行啊。"

文天祥听了，点了点头，把父亲的话牢牢地记在心里。

革斋先生嗜书如命，只要书本在手，就废寝忘食，经常一盏孤灯，通宵苦读。等到天色微明，他又站在屋檐下细认蝇头小字。他的学问十分渊博，对经史诸子百家无不精研，甚至天文、地理、中医、占卜之书也广泛涉猎。他还有买书的嗜好，有时没有钱，即使把身上的衣服典当，也要把书买下。

他的儿子受了他的影响，自幼饱读诗书，所以在 20 岁以前，他们就已经有很好的学识，除了经、史、子、集之外，还懂得天文、地理和医卜之类。

文天祥 18 岁的时候，家人鼓励他参加乡试，于是天祥来到县城。这种初阶段的考试，对他来说并不困难。他一试而中，这也是意料中的事。

考完试后，文天祥来到吉州县城的学馆瞻仰先贤遗像。他看到吉州的欧阳修、杨邦乂、胡铨的遗像肃穆地陈列其中，十分钦佩和敬慕。这些忠烈之士都是吉州本乡的人，他们能做到的，文天祥觉得自己也应该做到。他暗暗地立下誓言："我一定要以他们为榜样。如果我死后不能和他们一样受人尊敬，被人祭祀，就枉为大丈夫！"

1241 年，蒙古大汗窝阔台病死后，内部纷争汗位，大汗之位迟迟不能定，虽然后来窝阔台的儿子贵由继承了汗位，也只两年就死了。在此期间，蒙古军曾进犯过四川，但被南宋大将余阶击败。1251 年，成吉思汗的孙子蒙哥取得蒙古大汗之位，在他稳定了地位以后，就发动了针对西亚和中亚的第三次西征，并着手制订亡宋计划。

为避开长江天堑，蒙哥的弟弟忽必烈主张，从甘肃出兵，经川西，消灭位于云南一带的大理国，从而完成对南宋的军事大包围，这个计划最终得到大汗蒙哥的批准。1252 年，忽必烈率 10 万大军开始了消灭大理国的长途奔袭，至 1254 年，他们俘获了大理国末代君主段兴智，大理国灭亡，蒙古完成了对南宋的军事大包围，湖北省的隋县、钟祥、安陆、沔阳等地区都受到威胁。

虽然时局紧迫，那些麻木不仁的人并未受到什么影响。但是对文天祥来说，却激发了他忠君救国的爱国思想。怎样抵御蒙古，怎样使国家强大起来，这是文天祥经常思考的事。

眼看儿子已经是成人了，革斋先生便对他说："你自小就跟着我读书，我已经把毕生所学全都教给你了，你今年也已满20岁，我希望你能到外面去看看。吉州有个白鹭洲书院，听说是江万里先生创办的。江先生的学养、人品，都非常受人敬重，如今创办白鹭洲书院，必定是想提拔后进，为国家培养人才。"

文天祥听了父亲的话，第二天天刚破晓，他便背着书箱离开富田村，赶赴吉州县城。

走了大约30里路，天祥觉得有点累，看到前面正好有家旅店，便走向前，坐在门口的大青石上休息。这时候天还很早，路上没什么人，天祥索性把靴子脱下来，好好地休息休息。

就在这时，文天祥看到旅店门口有一个老翁，那老翁手里拿着长扫帚，很亲热地说："早上露水大，天又冷，请到我家去吃点东西吧。"

天祥婉言谢绝道："老先生，谢谢您的好意，晚辈休息一下就要上路了，不敢打扰您。"

既然天祥不好意思接受，老翁就自行介绍说："敝姓胡，正是这家旅店的主人，你进来坐坐，吃一点东西吧！"

天祥不解老翁为何一再邀请，便说："我只是一个过路人，您与我并不熟识，为何待我如此热情？"

老翁说："年轻人，你有所不知，昨天晚上，我做了一个奇怪的梦，梦中我见到一条飞龙在我家门口的大石上脱爪，正是你现在坐的这块大青石，我记得非常清楚。今早，我一出来打扫，便见到你坐在大青石上脱掉靴子，正符合我梦中所见。年轻人，你器宇非凡，相貌堂堂，绝非等闲之辈，日后必大富大贵，到那时，还望你多多提拔。"

文天祥听他说完以后，也觉得很凑巧，便满口答应了这位老翁。

当时，白鹭洲书院由江万里的弟子欧阳守道主持。跟博学多才的欧阳守道先生学习了不到一年，吉州就要举行贡试了，于是天祥又匆匆返乡。

文家的三兄弟早就开始准备贡试。没想到就在考试的前一天晚上，三弟霆孙竟然得急病而死。

在悲痛中，两个哥哥还是勉强参加了考试，而且都考中了。考上贡士，才有资格参加礼部主持的省试，及格以后再参加殿试，在集英殿根据题目，写出对策文章，由皇帝亲自阅卷，才能决定是否考取进士，因此，京城的两场考试是最重要的。

赴京赶考

这年冬天，父亲文仪的身体欠佳，但是他还是带着天祥兄弟二人前往京城临安（今浙江杭州）参加省试。

从庐陵的富田村前去临安有两条路可走：一条是陆路，经过上饶、金华；一条是水路，从郡阳顺长江东下。他们父子三人选择了第一条路，虽然路程较近，但是翻山越岭十分艰难。

这天，他们翻越玉山，季万叫苦连天地说："父亲，我实在走不动了，我们在这庙里休息休息好吗？"

于是，父子三人停了下来，坐在庙旁一边休息一边吃干粮。正好有一位僧人出来，便邀请他们进去歇息。

当他们离开时，仙风道骨的僧人对革斋先生说："您这个大儿子日后必将成为一个伟人，但这也是你家族的不幸。"

父亲听了，认为这话很奇怪，心里且喜且惧，于是写信回家，告诉家人这件奇怪的事。

父子三人于十二月十五日动身，总算在年底的时候赶到了临安。

临安就是杭州，作为南宋都城已有一百二十多年了，几代皇帝偏安于此，不思国难，整日花天酒地，尽情享乐。如今的临安城内已经有几十万人口，殿阁楼台林立，市肆坊巷星罗棋布，一派繁华景象。再加上现在已到年末，大街小巷更是热闹非凡。

从正月初一开始，几乎家家都在办宴会，到处可以看到有人在试灯。而且今年又是三年一次的大考，各地举子都集中在这里，一面准备着考试，一面也不放过京城的热闹。

这一带五花八门的店铺应有尽有，尤其是金银铺子、大钱庄和汇兑局，都集中在一条街上。还有个"珠子市"，是各种批发行号。

再往前走到中瓦，就到了市场的中心，吃的、喝的、穿的、戴的，一切日用货物，在这里都找得到，整天都有成群的人来来往往。另外还有许多"瓦舍""勾栏"，聚集着演杂剧的、讲平话的、清唱的江湖艺人。

除了应该参观的名胜，以及热闹的大街外，还有些小吃，比如钱塘门外的宋五嫂鱼羹、涌金门的灌肺、五间楼的周五郎蜜饯，等等，都是京都食府中出了名的风味。

到了上元节的晚上，官家开始放灯了。从凤凰山到西湖，满山是灯火，满湖是音乐，满街坊是人，整个临安城便沉醉在这歌声舞影之中。

西湖的春天更是迷人，由断桥至苏堤一带，杨柳如烟，繁花似海。参加会试的人们三三两两徘徊在湖边堤畔，陶醉在如诗如画的西湖风光中。

文天祥和二弟季万在客栈里预备功课，父亲革斋先生对他们说："我们来到临安也有一段日子了，平常你们以功课为重，很少出去，今天吃过晚饭，咱们父子到西湖的苏堤一带散散步去吧！"

散步途中，父子间也议论议论时局。

"淳熙年间，有个叫林升的诗人，曾在这里的一家客店墙壁上题了一首诗，你们还记得吗？"父亲问道。

"记得，那是一首七言绝句。"天祥回答道。

文璧紧接着背诵了这首诗："山外青山楼外楼，西湖歌舞几时休。暖风熏得游人醉，直把杭州作汴州。"

"依然如此啊！"父亲文仪无比感慨地说，"几十年过去了，看看现在的临安，还不是和当年一样，官僚士大夫醉生梦死，有谁还想着国家的安危！这样下去，别说收复失地，我看连这半壁江山也难保啊。"

"我们一定要设法保住大宋江山。如果我能在朝中做官，就要向朝廷陈述我的看法，让皇上认清如今的形势。对了，过些天我如果省试得中参加殿试，我就把自己对时局的看法在策论中写出来，让皇上看看。"天祥诚恳地对父亲说。

"不过，谁知道皇上会怎样想呢？"父亲担心地说，"如果惹怒了他，落榜事小，还会有杀身之祸的。"

"我不怕，我就是要讲真话，讲实话，考不取进士，做不了官也没有关系。因讲了真话而被杀头，恐怕还不至于，您老人家尽可放心。"

天祥同弟弟文璧认真准备了一些日子，便参加了礼部主持的省试，他俩沉着应试，考完后都感觉不错。

二月初一，礼部开榜，文家兄弟还来不及去看，就有一群人接二连三地跑到他们客栈来报喜。革斋先生非常高兴地说："如今就等着最后一关了，皇帝亲自复试，在几百个人中考出一名状元，也不容易啊！"

高中状元

殿试的前两天，天祥忽然病了，一直发高烧，起不了床，连东西也吃不下。革斋先生急得每天买药煎药，又不准季万帮忙，怕耽误他的功课。

到了殿试的那天，天还没亮，二弟就来推醒文天祥："大哥，醒醒，我们要准备上殿了。"

发着高烧的文天祥勉强起身赶往考场，考场上人很多，进门时一阵拥挤，出了一身汗，他顿时感到身体舒服多了，头脑也明晰了。

主考官发下题目纸后，文天祥打开御试的题目，大约有六百字的一篇"策问"，看完题目，文天祥略加思考，草稿也没打，一挥而就。

他写着："臣闻天变之来，民怨招之也；人才之乏，士习蛊之也；兵力之弱，国计屈之也；虏寇之警，盗贼因之也。"文天祥还对此作了阐述，特别在第一个问题论述中，从皇帝到各级官吏权贵对人民予取予求，贪得无厌，弄得民不聊生的景况，都作了无情的揭露和批斥。

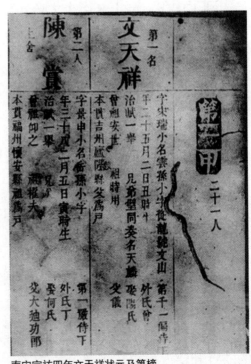

南宋宝祐四年文天祥状元及第榜

关于人才士习，兵力国计，他也有中肯的见解，他认为人才匮乏的根本原因，是士风的败坏。对兵力和国计问题，他认为是互相关联的。他说宋蒙开战以后，应处处屯兵设防才是。临急调兵，必一得一失。兵力不足，国家必然败弱。要变弱为强，就得招兵蓄锐。今日朝廷兵缺财乏，真的没钱养兵？不是，他指出这是国家没计划，从来没有制订保证军需的政策，而皇室、大臣大兴土木挥霍无度，造成了国库的沉重负担。

最后他建议皇帝严肃纲纪，整饬吏治，排除外戚和宦官干政擅权，听取公论，奖励直言。

到了中午，殿上来了个太监，传旨赐食，每一个应试的人都分到一碗羊肉泡饭，另外有两块"太学馒头"。

吃过午饭以后，大家继续奋斗。差不多到了下午两三点，文天祥已经完成了一篇万言以上的对策论文，他将卷子交上去，便退出考场。

殿试以后，文天祥的身体很快恢复，但是父亲却病倒了。那时已是春末夏初，天气炎热，医生诊断说文天祥的父亲是中暑了，便开了一些凉药，兄弟俩尽心尽力伺候在旁，只盼望父亲能有些起色。

文天祥的那篇《御试策》的确是一篇优秀论文，体现了他在哲学和政治方面的思想观点。文章直言论政，从自强不息、改革不息的观点出发，向朝廷提出了不少建议，对朝廷的缺点和错误也提出了善意的规劝。文章有理有据，切中时弊，提出了对策，显示了文天祥的满腔热情、非凡的胆量和出众的才华。

考完之后，考官开始阅卷，试卷上的姓名是密封的，看完后排好名次。几天后，被录取的试卷送到理宗手里。理宗一篇篇读着，读到文天祥的策论时，理宗不禁拍案叫绝道："写得好！针砭时弊，切中要害。"当时参与复审的著名学者王应麟在旁称赞道："这份卷子，议论卓绝，合乎古圣先贤之大道。文中表现出的忠君爱国之心，坚如铁石。我为陛下得到这样的人才致贺！"

王应麟于是打开密封条，"文天祥"三个字跃入眼帘。理宗觉得十分吉利，笑道："此天之祥，乃宋之瑞也。"于是，他拿起御笔，在文天祥的卷子上写上四个字："头名状元。"

五月二十四日是集英殿揭榜的日子，当堂揭榜，宣布今年的状元、榜眼、探花，以及所有考中的进士。

二十四日大清早，文天祥跟着大伙立在殿下，等着皇帝驾到。

理宗到了之后，主考官开始唱名。当主考官就要宣布状元的时候，四下里静寂得没有一点声音，只听主考官念道："文天祥。"立刻，一列一列的卫士传下去："文天祥！文天祥！文天祥！"这种连声高呼的仪式，叫做"绕殿雷"，形容当时呼声的响亮。

接着，文天祥来到殿上。皇帝仔细看着这位体貌丰伟，美皙如玉，秀眉而长目的青年，又得知他的年龄仅仅 21 岁，非常满意。等到榜眼和探花都公布后，皇帝又钦赐三人敕黄和御馔。

吃饭的时候，状元、榜眼和探花，各人另赐御酒五盏，饮酒以后，依例要各自赋呈"谢恩诗"一首。

吃喝完毕，殿上又传旨赐下新进士的朝袍和朝笏。朝笏就是朝见天子时所拿的手板。每一个进士都可以领到黄绢衫一件、淡黄绢带一条，还有绿罗公服一领、牙笏一面。领到的人便把旧衣服脱掉，披上新衣服，结上新带子，然后再到殿上去谢恩。

然后，他们披红戴花，骑上高头大马，在众人的簇拥下，走到繁华的街道上。路旁挤满了黑压压的人群。

贡院旁边有个"状元局"，为当日同榜进士集合的场所，由本科状元来主持一切，这里所需要的经费，大多由国库开支，除了供应这批新进士各种消费外，还有就是刊印"同年小录"。新晋的状元也要住在这里。

文天祥在状元局待了一会儿，因为心中老是挂念着父亲的病，所以就趁着休息的时候溜回来探望。正好遇见大夫，天祥便问他道："我父亲的病怎么样了？"

"不要焦急，应该不会有什么危险的。"

文天祥这才放下心来。然而，想不到的是，刚成为状元的文天祥，在京礼贺还没有完毕，父亲就在客栈不幸病故了。

六月一日，文天祥兄弟奉枢返里，服丧回乡。五十多天以后，才到达庐陵境内。他这一回去，就是三年。按宋朝制度，父母身故都要回乡守丧三年，方能回到官场，不论官职大小，一视同仁。

宝祐六年（1258 年），文天祥服丧期已满。有人劝他上书宰相求官，但他毫不在意。这两年来，随着对朝廷内部认识的逐渐增多，文天祥已经不那么热心做官了。

官场失意

上书建言

开庆元年（1259年）正月，弟弟文璧要赴京应试，文天祥就陪他走水路，取道长江，一起来到临安。五月殿试完毕，文璧这次也考中了进士。

这时候，有旨召文天祥入宫，授承事郎、签书宁海军节度判官厅公事。三年前，文天祥中进士后因父丧没有行门谢礼，因而这次要补行之后才能赴任，就这样又拖延了一些时候。

就在这个时候，国家形势变得紧张起来。

蒙古在完成了对南宋的大包围后，于公元1258年发动了第二次蒙宋战争。

蒙古大军共分三路：中路军由蒙古大汗蒙哥亲自率领，南下四川，直扑重庆；南路军从云南出发，经广西，直扑长沙；北路军由忽必烈率领，直扑鄂州。三路军计划在鄂州会师，然后顺江东进，直取临安，企图一举灭亡南宋。

1259年9月，忽必烈引兵南下，渡过淮河，进入大胜关，并且已经在围攻鄂州了。

消息传来，朝野上下慌成一片，大家心乱如麻。正当早朝的时候，又有快讯传来："报告陛下，边防吃紧，北兵自湘北黄州沙武口渡江，节节东下。"

皇帝立刻下令，命贾似道为丞相，统率着江西两处人马，北上救援。而朝廷中怕死的官吏一听到这个消息，便大呼小叫地纷纷请求皇帝迁都，迁都，赶快迁都。

胆小如鼠的宦官董宋臣极力劝理宗皇帝迁都四明（今宁波），他还振振有词地说："四明靠海，如果蒙军逼近，可以乘海船逃走。当年金兀术渡江时，宋高宗就是由临安到四明，乘海船才保住性命的。"

理宗也不知该怎么办才好，没有什么定见。

军器太监何子举说："陛下要三思啊，如果陛下迁往四明避难，那么京师里百万百姓必定生灵涂炭。"

御史朱貔孙也跟着说："銮舆一动，守边将士必将军心瓦解，若有盗贼趁机四起，必将举国动乱。"

这只是少数人的意见，而董宋臣在当时是最有势力的，他还是一味地怂恿理宗逃跑。这个董宋臣因为受理宗宠信，恃宠弄权，不可一世，人们把他称为"董阎罗"。

这时朝廷中笼罩着失败、逃跑的气氛，南宋处于极端危急的境地。

迁都消息一传出，临安城里顿时风声鹤唳，达官贵人都收拾行装，准备逃往别处，一般百姓惶惶不可终日。文天祥还没有就任，不能用职衔向皇帝上书，便以"敕赐进士及第"

的身份，写了那篇著名的《己未上皇帝书》。

他在奏章中写道："目前，三江五湖的险要之处还没有落入敌人的手中。我们拥有六军百将之雄，并不比他们弱。陛下若能效法勾践卧薪尝胆的精神，勤于政治，鼓励士气，那么人民必定同仇敌忾，寇贼之死就在旦夕之间了。

"征兵抗敌，乃是名正言顺的事。如果以每 20 户征一兵，一郡有 20 万户，就可以得到精兵一万。再合数州郡为一镇，一镇就有精兵两三万，诸路各镇，立刻可以征到十余万精兵。只需半个月的时间，天下云动雷合，四方响应跟从，贼寇就可驱逐出境，中原也能收复了。陛下何必为宗社而惴惴不安呢？"

他还在奏章中揭露了董宋臣的罪恶，指出：蒙古势力之所以能深入，是因为朝廷失去民心，民心之所以丧失，是因为官府压榨太甚。而聚敛财富、刮民脂膏这类事情，是皇帝身边人带头干的。现在天下人都在愤然怒骂，指斥权宦当道，言路阻塞，君民上下隔绝，奸邪为所欲为，弄得国事不可收拾。

近来丁大全虽已革职，董宋臣依然执掌大权。此刻董宋臣又煽动迁都逃跑，动摇军心民心。如果按这种意见办，则"六师一动，变生无方，臣恐京畿，为血为肉者，今已不胜计矣！小人误国之心，可胜诛哉！"因此，恳求"陛下以宗庙社稷之故，割去私爱，勉以分众"，将董宋臣"付之有司，暴其罪恶，明正典刑，传首三军以徇"。

理宗将这道奏疏暂时搁置起来，既没有杀文天祥，也没有斩董宋臣，倒是迁都的浪潮平定下来了。

因为迁都的主张是董宋臣提出来的，附和他的人很多，就连丞相吴潜也没有提出什么异议。吴潜认为皇帝是国家的象征，只要皇帝安全，国家还是有希望的。自己身为宰相，守土有责，当然不能离开京师。

理宗便问他："卿家为何不与我同行？"

吴潜说："臣当留守临安，以便抵御敌寇。"

理宗忽然起了疑心，便说："卿家是想效法张邦昌？"

原来理宗皇帝怕自己一走，吴潜乘机在临安另立国家，所以才决定留在杭州。

两度遭免

就在这时，战事也出现了一些转机。

忽必烈一路在进军鄂州途中，得到蒙哥的死讯。原来蒙哥在作战中负伤，回营后死在军中。

此时，蒙古诸王在漠北策划拥立阿里不哥为汗。忽必烈心急如焚，急于赶回去争夺汗位。

在鄂州前线督战的宋丞相贾似道，畏敌惧死，不敢应战，竟私自遣使到忽必烈军营求和，擅自开出如下条件：宋朝向蒙古称臣，降为藩属；两国以长江为界，南宋全部割让江北土地；南宋每年向蒙古进贡银币 20 万两，绢 20 万匹。忽必烈也乐得顺水推舟，因此接受了贾似道的条件，随即率军北还。

蒙古军撤退后，贾似道不但隐瞒了私自求和的事实，还截杀殿后的蒙古士卒，用他们的人头谎报抗蒙得胜。

宋理宗不辨是非，认为贾似道立了大功，特下诏褒扬，加封太子太师、魏国公。

贾似道回到临安时，宋理宗下令群臣到郊外迎接"功臣"贾似道，庆祝来之不易的"胜利"。

如此一来，大家又可以安心在湖光山色的杭州醉生梦死了。

董宋臣依然是我行我素，无恶不作。文天祥激于义愤，再度上书给皇帝，请斩董宋臣。理宗还是庇护小人，并不理会文天祥的忠谏。

景定元年（1260 年），文天祥被任命为签书镇南军（今江西南昌）节度判官厅公事，但是他不愿赴任，景定四年（1263年），文天祥被外调为江西瑞州的太守。

瑞州曾遭蒙古兵蹂躏，城垣屋宇被毁，文物古迹被洗劫一空。文天祥看到这番光景，十分怜悯这里的百姓，于是准备大刀阔斧，好好整顿一番。

为了先使地方安定下来，必须要整肃郡兵。瑞州有几个凶恶狡黠的人，以土霸王的姿态，到处行暴。文天祥先把这几个人处刑以后，骄蛮之风才逐渐地被镇压下去。

文天祥还实行宽惠政策，尽力安抚百姓，筹集资金建立

"便民库"，供借贷和救济之用，使地方秩序重新恢复过来。他还修复了一些古迹，如"碧落堂""三贤堂"等，新建"野人庐""松风亭"等，以发扬先贤的民族正气，鼓舞人民的爱国精神。瑞州在文天祥治理下，百废俱兴。

一年后，他的政绩受到了理宗的赏识，于是理宗又召他回京，派为礼部郎官。

文天祥做礼部郎官还没有满一个月，理宗驾崩，度宗即位，贾似道本来就是太子太师，此时更是权倾一时。他以曾经当过度宗皇帝的老师和策划立储有功而骄横跋扈，甚至托故辞职，要挟皇帝授予他高官厚禄。

文天祥代皇帝草拟诏书，对他严加责罚。文天祥的做法自然触怒了这个最显赫的当朝权贵，并因此受到弹劾而罢官。

他这次免官返里，不过 30 岁，就过着隐居的生活。

文山山麓的富田村是他的老家，小小的村庄，左右两边都有小溪，风景如画，文天祥就在这一幅纯妙的图画中，寻芳揽胜，抒发心里的郁闷。

他还每天登高山、临深渊、饮酒、吟诗、跟朋友下棋或是钓鱼，陪同老母亲以及妻子儿女，享受天伦之乐。

这段时间，文天祥写下了大量的诗文，有效仿古人吟风弄月的，如："两两渔舟摇下，双双紫燕飞回。流水白云芳草，清风明月苍苔。""去年尚忆桃红处，好景重逢橘绿时。""鹤外竹声簌簌，座边松影疏疏。"

一年以后，度宗又召他出来任左郎官。

度宗还在做太子的时候，曾听过天祥讲解经书，所以在他回到朝廷的一个月里，又派他兼任学士院权直、国史院编修官、实录院检讨官等职务。

无奈文天祥不懂得巴结权贵，还是一本初衷，为人耿直。

然而在这个貌似太平的日子里，谁喜欢听他谈当前急务。因此，做官做了一年，就在次年冬天，他又被免了所有的官职。

文天祥再次退到老家，一直到江万里任左丞相，才把他请出来。

江万里是吉州白鹭洲书院的创办人，也可以说是文天祥的老师。所以江万里一上任，就任他知宁国府。

奸臣误国

除了贾似道一人及其同党以外，全国上下都不知道跟蒙古人议和是有条件的。皇帝根本被蒙在鼓里，还以为贾似道有再造国家之功，对他十分恭敬。

然而，蒙古跟贾似道的交涉并没有完。

忽必烈回到蒙古后，凭借武力在开平（在今内蒙古正蓝旗东闪电河北岸）即大汗位。阿里不哥在和林自立，联合漠北、中亚诸王与忽必烈展开大战。不久后，阿里不哥失败，被迫向忽必烈投降，两年后病死。

阿里不哥败降后，忽必烈逐渐巩固了自己的汗位。

　　忽必烈并没有忘记跟贾似道的谈判，决定派翰林侍读学士郝经为代表，并对他说："那宋朝丞相贾似道曾经向我们求和，自愿称臣，而且答应我们，每年进贡白银20万两，绸缎20万匹。你且代表我南下，向他索取所应许的岁币。"

　　郝经一行人还没有到达临安，贾似道就已经得知这个消息。贾似道生怕之前议和一事泄露，将郝经秘密逮捕，关押在真州军营。

　　在奸臣的粉饰之下，宋朝照样过着太平的日子。

　　文天祥在宁国府做太守，因为爱民如子，一年下来，有了很好的政绩，度宗又要调他回朝廷，升为军器监，于是他便带着老夫人以及妻子儿女，奉命回京。

　　就在回京的路上，经过冷水坑，文天祥想起往事说："14年前，我离开家往吉州白鹭洲书院时，在此地遇见一位胡老先生，今天，去请他们全家过来吃饭吧！"

　　等胡老先生一来，见到文天祥，他非常高兴，且说："十四年不见，您果真做大官了，您还记得我那飞龙脱爪梦吗！我的梦没错吧！"

　　文天祥笑笑说："我就是您梦中的那条飞龙吗？"

　　胡老先生开玩笑说："当时您曾答应我，日后做了大官要善待我，如今可以兑现了吧！"文天祥一听，立刻大笑说："我的行李箱都在这儿，您要什么东西，随您挑选！"

　　胡老先生再三拜谢说："我只是开开玩笑，不当真。"

　　"不要客气，我也有诚意要送您，别忘了，我们有一梦之缘呀！"

胡老先生这才指了一件行李说："就这件吧！"

打开行李一看，全都是扇子。文天祥说："这些扇子都是地方土产，我打算当礼物送给乡里朋友。这样好了，你指定这口箱子，那我折合银子送您吧！"于是两方都高高兴兴地吃饭，然后离去。

胡老先生对他儿子说："真是一位清廉的好官啊！我本来以为他既已做了高官，行李中一定不少金银财宝，真没想到竟然只是一些土产。"

回到朝廷之后，文天祥所接触的又是令人忧心忡忡的国家大事。

因为贾似道一手遮天，南宋名将被杀，军政日趋腐败。忽必烈在燕京称帝以后，更加关心南宋的动静。也就在这个时候，南宋四川守将刘整见其他将领被害，为求自保，率所部向蒙古投降。

刘整本为孟珙部将，深得孟珙所传，而其所部水师更是精悍，蒙古终于得到了梦寐以求的水师。而后，为表忠心，刘整又向忽必烈提出了先取襄阳，再攻临安的亡宋战略，被忽必烈采纳。

蒙古的中书右丞相史天泽，猛攻山东省的益都、济南两个地方，济南的守将李璮在城破之日，不肯投降，被迫投水而死。

蒙古又以阿术为主将，刘整为副将，率领蒙古军队和降蒙的南宋水师攻打襄、樊两城。史天泽这边也增兵围困襄阳，战火非常猛烈。

临安城的有识之士已觉察到前线的紧张，大家议论纷纷。

"那蒙古征南元帅阿术，又围困了樊城，昼夜猛攻，来势汹汹。"

"难道就没人前去增援？"

"京湖都统制张世杰抢先去救，不幸兵败。后来沿江制置使夏贵也去援救，在新城遇上了阿术，也战败了。"

"李庭芝和范文虎也都拥有大军，但是李庭芝屡次约范文虎进兵，范文虎都支吾过去，说是没有朝廷的命令，所以，两支军队都按兵不动。"

这个时候，朝廷内外一切政事都被贾似道把持着，如果他不同意，任何人也不敢办理。谁要是使他稍不满意，轻则斥责，重则削去官职，终身不用，一时间许多正直人士全部被他打压了下去。

一些企图向上爬的官吏纷纷向他行贿，求做监司、郡守等大官，以便到地方上去大肆搜刮。这样一来，贾似道得了不少贿赂，同时官场上的贪污之风也随之大盛。

襄阳被困了三年，已经到了这个地步，贾似道还是把战讯搁着，不让皇帝知道。这一天，朝见皇帝的时候，度宗偶然提起，问道："师相，听说襄阳已经被围了三年，你最近有没有接到那边的消息？"

"谣言！谣言！"贾似道板起脸孔说，"蒙古兵已经退走，襄阳城早就解围了，而且我们还是三路大捷。现在，居然有人唯恐天下不乱，敢在陛下面前造谣言。"

贾似道怒气冲冲地回到家里，立刻召集了手下商议这件事。贾似道说："我也不用多作解释，就跟他说我不干了，硬是交出大权，看他怎么办。"

果然，度宗接到师相的辞呈，立刻慌成一团，再怎么样也不能告老还乡啊！

度宗每天四五次派大臣和侍从官去传旨挽留，又每天派人送去各种赏赐。这些被派去的人，唯恐贾似道离京归家，竟每夜躺在贾府门外守着。

当时文天祥正好在宫里教书，兼替皇帝办点笔墨之类的事。

于是他召来了文天祥，让他写一份诏书，把贾似道挽留下来。

文天祥退下后，遇到老师江万里，便跟他谈到这件事。

"像贾似道这样的丞相，还有挽留的必要吗？但既然是皇帝的命令，我看你还是依着办吧！"江万里劝他。

文天祥起草诏书时，没有像有些大臣那样，对贾似道歌功颂德，反而直言臣下要以国事为重，指出贾似道的行为是"惜其身""违朕心"。

这份诏草还没有呈送给皇帝，就被贾似道先截下了，他看了以后非常恼火，因为奏章里对他一句褒奖之辞也没有！更令人气不过的是，文天祥没有经过他的同意，就擅自将奏折呈送陛下。

贾似道另外叫人重新写了一份诏书，里面都是歌功颂德的话，他想让皇帝知道，朝廷如果少了贾似道这个人，天就会塌下来。

贾似道还对他的爪牙张志立说："文天祥连一封诏书都不会写，应该把他弹劾掉，免了他的各种官职。"

等皇帝批出以后，文天祥一看不是自己的原稿，就知道是怎么回事了，他非常失望，决心引咎辞职，离开这个是非之地。

当文天祥正准备卷铺盖出京的时候，罢官的命令也刚好送到，文天祥叹口气说："14年前，我考中状元，那时候就立了心志，这一生绝对不倚靠势力、追求虚名。这次应召进京，实在是想为国家出力，而朝廷却屡次不用我的主张，如今是一事无成，只不过替皇帝拟了一份不中用的诏书罢了，唉！"

贾似道虽然被挽留下来，朝廷里的忠臣良将却走得差不多了，剩下的多是一些谄佞之臣。谁要是敢说一句蒙古人攻打宋城的话，就要受到严厉的处罚。

当初，宫里的女人还只是偷偷地告诉皇帝说襄阳已经被围困了三年，贾似道便威胁着要告老还乡，就连皇帝的恳切挽留都不顾。结果是杀了一批宫人，才算勉强平息了这件事。

从此以后，皇帝更是百般优待他，同时，度宗特授贾似道平章军国重事，许他三日一朝。

早在景定三年（1262 年）正月，理宗已将高宗在西湖边的集芳园，赐给贾似道做家庙和别墅，并赐予绢钱百万。这次，度宗又在靠近里西湖的葛岭，赐给贾似道宅第一所，把他送到那里去休养。

　　从此，贾似道每五天坐西湖船入朝一次，也不去都堂（丞相办公的地方）理事，一切公文都由吏人送到他家中签署。实际上大小朝政，都由他的幕僚廖莹中和属吏翁应龙决定，其他几位丞相只是挂名而已。当时人们形容这种情况说："朝中无宰相，湖上有平章（指贾似道）。"

　　自此之后，朝里的人们都不敢再提起边境的战事。那个时候，不但襄阳已经被围了三年，就连樊城的战事，也越拖越糟，有些地方的守城官员看朝廷不理他们，就干脆投降了蒙古兵。

多事之秋

　　咸淳六年（1270 年）九月，文天祥被免官后回到家乡。他深感人心险恶，世道污浊，决意息影林泉。他在文山修建了一所山庄，隐居于此，寄情山水。闲暇的时候，一个人闲居独坐，偶尔也跟朋友吟诗、钓鱼，日子倒也过得逍遥自在。

　　然而，他的内心一点也不宁静，每见落叶萧萧，凉月堕阶,忧国忧民之情就油然而生。我们可以从他留下的诗来读到他心中的抑郁不平之意,如:"桑弧未了男子事,何能局促甘囚山。昔年此日作初度,宾客如云剧欢舞……簸扬且听箕张口,丈夫壮气须冲斗。夜阑拂剑碧光寒,握手相期出云表。"

就在他隐居文山的第三年,有一个京城的朋友来看他,朋友感叹说:"天祥老弟,你还有心情在这里饮酒啊,北方的襄阳、樊城都已经失守了!"

"吕文焕不是死守襄阳城吗?"

"襄阳被围了五年多,一心盼望救兵来到,无奈久困援绝,听说吕文焕每次巡城,便向着南方痛哭不已。"

文天祥痛心疾首,问道:"现在的情形怎么样了?"

朋友告诉他,忽必烈又从四川增兵,襄、樊两城所受压力越来越大,到1272年,襄、樊粮食已基本耗尽,但两城军民依然斗志昂扬,元兵始终无法破城。

这一年,南宋大将李庭芝派张贵、张顺率3000士兵,携带城内急需物资,成功突破元兵的包围,冲进了襄阳,这是五年内第一支进入襄阳的援兵,极大鼓舞了全城军民的士气。

此后,襄阳宋军与外围的宋军取得联系,双方约好共同夹击元军。只是有叛徒向元兵投降,出卖了这个计划,致使襄阳宋军遭到元军埋伏,损失惨重,再也无力反攻。

吕文焕屡次告急于朝廷,太师贾似道表面上请皇帝派他亲自上阵，而私底下，却叫他的同党上书留他在京城，如此反反复复。

朋友说："樊城被攻破以后，守臣范天顺殉难而死。元人运来了巨炮，炮弹重150斤，大炮发射时，震天动地，所到之处，皆为齑粉。这一炮就毁了襄阳的城楼，吕文焕无法再支撑下去，便出城投降了。"

听到这个消息，文天祥的心情非常沉重。

襄、樊失守后不久，文天祥再被起用，派为湖南的提刑使。这时候，他已经是37岁，在文山隐居了将近三年，虽是坚决请辞，但终究没有获准，只好上任了。

到了湖南以后，听说江万里先生出任荆湖南路安抚使兼知潭州，于是文天祥便前往长沙去拜见他的老师。

两人见面格外欢喜，话过家常以后，江先生语重心长地对他说："我已经老了，看目前的情形，恐怕不久就会出大乱子。我见过的人虽然不少，但是将来能够担得起救乱重任的，只有像你这样的人了。"

文天祥一听，想起目前的危难、朝廷的混乱，以及老师的托付，不由得悲从中来，眼泪夺眶而出，哽咽地说："我文天祥本无所长，唯有一片孤忠罢了。"

二人经过这次会面以后，江万里以年老多病辞去官职，回到饶州老家。文天祥为了便于奉养老母，也请调回江西去了。

就在他回江西赣州的这一年，元世祖忽必烈命伯颜任中书左丞相，统率各路军马，由襄阳城一路进攻下来。伯颜、阿术领一军，由襄阳入汉水过长江，以降将吕文焕为先锋。史天泽也是军中统帅，但在进军途中病死。右丞相博罗欢以及阿塔海、刘整、塔出、董文炳领另一军，自东道取扬州，以刘整为先锋。

临安城这边却在忙着替贾似道的母亲办丧事。

由西湖边的半闲堂，一直到钱塘江，一路上全扎满了素彩素花。重要的官员都赶到贾公馆陪着孝子孝孙们哭灵。出殡的那一天，虽然下着大雨，但是文武百官全恭恭敬敬站在大雨里。

这一年真是多事之秋，在位十年的宋度宗也在这一年病死，时年 35 岁。

太后谢道清召大臣商议立帝。众人认为杨淑妃所生赵昰年长当立，贾似道却拥立全皇后的四岁幼子赵㬎，于是赵㬎被立为宋恭帝，谢太后被尊为太皇太后。虽然名义上由太皇太后垂帘听政，但贾似道依然独专朝政。

京城里正忙着办不完的丧事，而湖北这边，也响起了丧钟。咸淳十年（1274 年）十二月，阿术军自汉水渡江，宋将夏贵战败逃跑，鄂州都统程鹏飞投降。伯颜留四万兵守鄂州，自领大军东下，直指临安。

朝廷命大将李庭芝为淮东制置使，并加派陆秀夫做他的参议官，协同扼守淮东一线。

正月二十日，伯颜的先锋部队进到鲁港来了。

京城里的太学生们议论纷纷:"要师相贾似道出来。"群臣也上疏说道:"师相贾似道曾经在鄂州不是三路大捷吗?应该请他出来,都督天下兵马。"

贾似道不得已,在太皇太后的要求之下,只好赶鸭子上架,勉强接下了这个重任。

他率领诸路精兵 13 万,还有大批装载着无数金帛、器甲和给养的船只,甚至带着妻妾,轴舻衔接,绵延百余里。贾似道胆小如鼠,又贪生怕死,根本不思抗击,只是一味巴结元人,请求议和。他给元丞相伯颜送上礼品,请求割地赔款,但伯颜骂他不守信义,还扣留了使者郝经,便拒绝议和,率兵冲击。

贾似道几乎未加抵抗,就和几个属下一起乘小船逃走。南宋军队一片混乱,粮草辎重全被元军夺去,军士死伤逃亡不计其数。

太皇太后心急如焚,只叹自己命苦,最后,不得已降下一道"哀痛诏",述说继君年幼,自己年迈,民生疾苦,国家艰危,希望各地文臣武将、豪杰义士,急王室之所急,同仇敌忾,共赴国难,朝廷将不吝赏功赐爵。

各地官员收到诏书后,响应的极少。他们中有的正准备降元,有的持观望态度,有的想抗元,但担心力量不足。多数官员都认为宋朝即将灭亡,原来的俸禄都难保了,新的爵赏怎么还会有呢?

诏书下达后,响应的只有文天祥和张世杰两人。

　　当时文天祥在江西赣州任知州。他是以服侍年迈的祖母和母亲为理由，由湖南调回江西的，赣州与他家乡吉州相邻。读到这份诏书后，想起国家的处境，以及王室的悲哀，他不禁痛哭失声。于是，他首先响应诏书，如火如荼地着手进行募兵、筹饷等事情。

起兵抗元

起兵勤王

文天祥纪念馆中的文天祥雕像

鲁港惨败之后，剩下张世杰一名大将，收拾着残兵败卒，退保建康一线。建康吃紧，临安接着宣布戒严了。

贾似道败逃后，上书太皇太后谢道清，请朝廷立即迁都，由此招来了更大的民愤。朝廷里对贾似道败兵之事已经不满，现在又看他要太皇太后搬家，更是不高兴。

于是太皇太后便降下诏书，由李庭芝转给他，希望贾似道接到诏书以后，尽快回宫。

那贾似道却不敢回京，只是打发了几个亲信的堂吏来临安，把"平章军国大事"和"都督天下兵马"的职务交卸出来。

这更激怒了朝里的官员，他们纷纷上奏，请皇帝明察。

"陛下，以目前紧急的时局，贾似道居然还悠然地躲在扬州享受。接到陛下的诏书，无论怎样，也该亲自来宫中一趟才是啊！"

"当初就是他骗我们说是鄂州三路大捷，没想到竟是跟元人谈和。"

"而且还出尔反尔，扣押元人使节。"

"上次他捧着大都督印，在芜湖观望，又想重施鄂州故伎，乞求谈和，而伯颜因为郝经被囚之事，一口拒绝了他。后来，贾似道立刻准备厚礼，送还给人家，还把郝经给放了。元主还是不理。现在他把这个烫手的山芋丢下不管，让我们来收拾这个烂摊子！"

太皇太后虽然不想处罚贾似道，但是碍于群情激愤，而且贾似道也太过分了。于是皇帝下诏，扣押那几个堂吏，同时把贾似道的家产都查抄没收了，一面又下令李庭芝即日解送贾似道回京，不过还是给他一个官职，贬往婺州城安置。

虽然处于危急存亡之秋，但是统治集团士大夫之间的争斗却并未休止，左丞相王爚与右丞相陈宜中虽都为贾似道所提携，但二人之间积怨颇深。大敌当前，抗元成了南宋的头等大事，陈宜中在这个问题上认识很模糊，既无抗战的准备，也无议和的迹象。王爚在朝中抱怨自己有职无权，提出辞职。

为了缓和两位丞相之间的矛盾，太皇太后任命陈宜中为左丞相，留梦炎为右丞相，王爚为平章军国大事（位在丞相之上）。

留梦炎是主和派，而王爚和陈宜中之间仍勾心斗角不断。当时朝廷命张世杰等四路进击元军，王爚坚持要丞相带兵，以安抚诸将，鼓励士气。陈宜中准备出师，但皇帝及许多公卿都犹豫不决。

德祐元年（1275 年）七月，张世杰的军队兵败焦山。王爚以为报复陈宜中的机会来了，他抱怨自己有职无权，再次提请辞职。

不久，王爚的儿子唆使太学生刘九皋上书列数陈宜中的数十条罪过，陈宜中一气之下，弃职而去。太皇太后六神无主，连忙罢免王爚，下令逮捕刘九皋，又恳求陈宜中回朝。

陈宜中终于答应回朝，任右丞相。陈宜中上任后，命令夏贵率军保卫临安城，动员全民皆兵，又在临安城招集 15 岁以上的男子为士兵，组织了一支杂牌军。

有了这支杂牌军，陈宜中便以"都督"的名义发出檄文，同时还学着贾似道的派头，只坐在京城里发布命令，对军事也是一概不知。他把张世杰率领的陆军放在水上作战，又把刘师勇率领的水师放在陆上作战，结果是两路都吃了大亏。

文天祥在半年前，一接到太皇太后的诏书，便有了拼死的决心。

起兵勤王，面临着两个大难题：一是兵源，二是粮饷。朝廷只发诏书，给了文天祥一个江西提刑的头衔，而到哪里去找义士，到哪里去筹粮饷，都要文天祥自己去想办法。面对这些困难，文天祥没有畏惧，他积极行动起来。

接到诏书第三天，他就向江西各地发出檄文，要求各地聚兵集粮，准备入卫京师。同时他还广泛求贤纳士，征集起兵方略。

文天祥决定去拜访陈继周。陈继周是江西宁都人，做官做了将近三十年，在当地颇有号召力和影响力，所以文天祥想请他帮忙，共同来招募地方的义士。平常的日子里，陈继周自视颇高，不把那些地方官放在眼里。唯有这一任知州文天祥，听说是个状元出身，他才多少有点佩服。

这一天，文天祥亲自到他府上拜访求教，陈老先生详细地提出了起兵方案，并且不顾年老体弱和儿子一起发动赣州豪杰，甚至连山区的少数民族也发动起来了。

与此同时，文天祥还派他的邻居、朋友刘沐等人，去发动邻郡以至湖南、广东的义士。这里的工作，进行得越来越顺利，风声也越传越远了。

文天祥捐出全部家财做军费，把母亲和家人送到弟弟处赡养，以示毁家纾难。在文天祥的感召下，一支以农民为主、知识分子为辅的爱国义军在极短时间内组成，总数达三万人以上。

文天祥感于国家局势危急万分，一直请求入京护卫。但是陈宜中认为他统率的是乌合之众，不准他入卫临安。

这时候京师的太学生，一心希望文天祥进京。于是，一大群太学生，抱着呈文，跪在宫门口请愿，并指控陈宜中不该阻止文天祥入京护卫。反正时局已经乱到不可收拾，如今又发生了这件事，陈宜中索性一走了之，丢下乌纱帽，躲回老家永嘉去了。

陈宜中一走，太皇太后更没了主意，于是下令临安府捉拿太学生，并且连连下诏书，催促陈宜中回京，他反倒摆起架子，就是不回去。

于是朝廷的大事，只好暂时交给留梦炎处理。留梦炎一向是主张投降谈和，始终抱着见风使舵的打算。

有些人看文天祥干得有声有色，不免嫉妒，说他是想借这乌合之众来出风头。江西安抚副使黄万石向留梦炎递去的密告就是这样，说文天祥猖狂跋扈。丞相留梦炎便以这个为理由，拒绝接受他入卫临安的计划。

这时候文天祥请求上前线的报告又来了，留梦炎的同党黄万石说："文天祥的这些人都是乌合之众，应诏勤王，简直是儿戏！"

留梦炎接着说："嗯，应该压压他的锐气，既然他那么急着立功，就调他到隆兴府去驻防吧！"

调防令一发出，察院孙荣叟非常不平，立刻上奏说："文天祥所招募的兵士都是激于忠义，他们的实力和士气不可小觑，如果派他们去冲锋陷阵，元兵绝不是他们的对手。可是如果把他们留在城里驻防，士气必然低落。"

这边勤王军被压抑着不能动，而临安已陷在空虚恐怖的气氛里。前方军事失利的消息不断地传来，正如肃杀的秋雨，原本繁华的都市，呈现出一片萧条。

过了半年，江南的军事形势每况愈下，越来越险恶了。元军顺长江东下，所过之处，宋朝守将相继投降。

刚开始只听到建康沦陷，沿江制置使赵滑南走，都统茅世雄、镇军曹旺开城投降。元军继续进军，湖北制置使高达以江陵降元。

接着连州知州孙嗣武又以城降……

接着镇江府马军总管石祖忠又以城降……

接着又传来江阴通判李世修以城降……

接着滁州知州王文虎投降元军……

接着宁国府知府以城降……

接着和州王喜献城求荣，投降了元军……

只有攻打扬州时，守将李庭芝、姜才拒降死守。宋将张世杰与刘师勇、孙虎臣等结集战船万余艘，在焦山与元军阿术、张弘范部大战，想以此来扭转局面，但宋军大败。

京城里空荡荡的，谁也不敢断定进城的是元兵还是自己的军队。街头巷尾，几乎看不到半个人影，大家都躲在自己的屋子里，好像前后左右都有砍杀的声音。

不但是各地的守城官都已相继逃走，就连京城里的文武官员也已弃官离职，遁隐起来。可想而知，临安的形势已到了非常严重的地步。

正当老百姓惶恐不安的时候，忽然又有传言，说是在独松关那边发现了元人，有一队元兵已在离城不远的地方了。

大家虽然躲在紧闭大门的家中，似乎也听到或是窥视到，当时的确有一队人马，被迎接入城，人数大概在一万以上。元兵进城了吗？大家想逃也来不及了，只好静静地躲在家里。

原来不是元兵，只是张世杰由前方撤退回来的军队。

这真是一针强心剂，虽然他们是吃了败仗退下来的，但对临安来说，也可以增加军力，壮壮胆子。恐怖的气氛暂时缓和下来，临安的百姓忙着杀猪宰羊，慰劳张世杰的军队。朝廷也升了张世杰的官阶，封他为"保康军承宣使"，总都督府诸军。

进军临安

文天祥起兵后，积极要求奔赴前线阻击元军，妄图扭转战局。但遭到朝廷中主和派权臣的阻挠，黄万石这班人还诬告勤王军有姓连、姓吴、姓谢、姓唐、姓明和姓戴的六家义士，抢劫了乐安、宜黄，而且快要接近抚州了。

皇上听了以后，立刻责问文天祥。文天祥气愤极了，上奏说："宁都六家义士，招募了几千人驻扎在吉州，等候陛下下令进京护卫，没有一个人离开，怎么会到抚州抢劫呢？这捕风捉影的事，想必是抚州守臣故意陷害，想阻挠勤王大计。"

皇帝下令调查时，留梦炎、黄万石等人便将此事完全推给抚州太守和宜黄县令。最后，抚州太守和宜黄县令被革职，文天祥获准进京。

四月间，文天祥便率领大队移往吉州，在那里又集结了由各地赶来参加的零星队伍，全部编制进去，总共约有两万多人。

文天祥正准备出发的时候，却忽然接到消息，原来老祖母病故了。

他不禁流下泪来："自勤王起兵以来，只因朝廷的误会，群臣间的谣言，使得我们迟迟不得进展。如今有了点头绪，老祖母又等不及了。老祖母平日最疼爱我，一直希望能看到

吉安的文天祥雕塑

我为国家做一番事业。我是长孙，理应回家一道。"

于是他一面把军务委托给王辅佐代理，一面呈报朝廷请假回家料理丧事。刚回到富田村不久，朝廷对他请假的公文也批回了，上面说是国难当头，应以国事为重，请他速速来京。文天祥接到命令之后，便把祖母的丧事和家务，请他的大妹夫来照料，自己又卖掉一些家产，补充军用。

临行的时候，他向故乡的亲朋好友一一告别。文天祥说道："只要国家不亡，我们终会再相聚。否则，今日一别，可能永不能再见了。"

大家一听他这么说，都掉下眼泪，老一辈的人依然想劝阻他："现在元军三路进兵，你以乌合之众迎敌，不是以卵击石，自找死路吗？"

文天祥十分感慨地说："我的实力，我是知道的。所谓养兵千日，用兵一时。国家养育我们臣民三百多年，一旦有急，征诏天下兵官，竟没有一人应诏护卫，这情形实在令人痛心！我等虽人微力薄，只想以身殉国，或可以带动天下忠臣义士揭竿而起。如果人人都肯拼死效忠，我们的大宋江山还是可以保得住的。"

故乡的父老感动于他的忠诚，于是大家当场又凑了许多财物，为他填作军饷。

七月初七，部队开拔了。途中老将王辅佐病故，文天祥便把总帅诸军的责任交给粤军统制方兴，自己带领了张云、刘伯文、邹洬、刘沐、彭震龙、陈继周、萧焘夫、萧敬夫、张汴、金应、尹玉、萧资等一大伙人，连同两万多的军队，向衢州进发。

文天祥一路上和兵士们餐风露宿、同甘共苦，过了一个月才到达衢州。

文天祥这支兵马军纪严明，一路上秋毫无犯，颇得人民的好评。京城里连连接到沿途各县官的报告，都说文天祥的部队，不但装备不错而且纪律也相当好。这消息立刻传开了，朝臣听了以后颇为惊讶，他们一直以为文天祥的部队不过是一群乌合之众。

太皇太后非常高兴，立即授他"工部尚书"兼"都督府参赞"的头衔，但是文天祥并没有接受。他说："我这次应诏勤王，只是为了拯救国难。我现在还有重孝在身，按道理说，连现有的官职，都该解除的。"

九月初，他们进抵临安，屯兵在西湖边。城里的老百姓早就听说了他的名字，如今看到文天祥率领大批军队开进，都十分高兴。

朝廷里依然是姑息奸恶，降将吕文焕的侄子吕师孟竟被擢升为兵部尚书。此外，朝廷里的投降派正在散布投降主义的论调，说什么抵抗一定灭亡，只有讲和才有生路，等等。

有一天，文天祥和几个朋友在谈论此事。文天祥说："吕文焕出卖襄阳以后，带领着元兵，入侵江东，认贼作父。吕师孟是吕文焕的侄子，依照旧例，吕师孟也应该贬官降职才是。"

"还不是投降派那伙人想讨好吕文焕。这样一来，吕师孟更是傲慢自大，目空一切了。"

文天祥听他们这样一讲，便正色说道："国家危急已经到了这个地步，如果说有人在前方浴血抗战，后方的人还一味谈和，弄权误国，那真是不可收拾了！我们必须振奋士气，上下一心，这样才能挽回危局。"

于是，文天祥决定上疏乞斩吕师孟，借以激励士气。

于是有人又来劝他："做官总要看风使舵，老兄既然踏上了这条船，便各走各的，何必跟人过不去呢？"

"如今国难当头，岂能姑息养奸？"文天祥回答说。

"但是，你专门和掌大权的人作对，岂不是以卵击石吗？"

"真正做官的人，对于自己的责任一定不能放松，否则政纲一坏，国家的地位就会不稳了！"

"难道你不怕遭他们陷害吗？"

"我早已以身许国，死有何惧！"

文天祥的脾气忠直刚耿，那些劝他的朋友听他这样讲了以后，就一句话也不说了。

文天祥再次上书皇上，坚决要求将抗元斗争进行到底，要求斩了投降派头子吕师孟，并且还提出了具体挽救危机的方案。而这个奏本送上去之后，朝廷根本不予理睬。

五木之役

文天祥还在向临安进发的途中，张世杰挂着"枢密都承旨"的名号在焦山一线作战，对方是蒙古元帅阿术统率的水陆两路大军。当时，阿术以一军直逼江南，一军出焦山南麓，另派张弘范带大批水师攻打张世杰的水师。焦山一战，张世杰的水师大败，元兵一拥过江，像是一股洪水，泛滥到整个江南。

文天祥到了京城以后，奉旨兼任平江府知府。还不及上任，代理丞相留梦炎，却说是京城非常空虚，命文天祥的部队留守在西湖驻防，等待太皇太后的命令。这一驻防就驻了两个多月。

太皇太后写信给陈宜中的母亲，请她催促儿子回京复职，陈宜中这才再度出山，继续当丞相。

元兵自从占据建康以后，继续分兵南下，东路是参政董文炳和范文虎，由长江进攻江阴；西路是参政阿剌罕和四万户总管奥鲁赤，出四安镇，进迫独松关；中路是丞相伯颜，直取常州。就在文天祥上书，与投降派斗争的时候，常州告急的文书雪片似的纷纷传来，常州如果丢失，平江就难守，临安也将受到威胁。因此，朝廷只得命令文天祥带上义军前往平江，又派张全率两千兵增援常州。

于是，文天祥和部将尹玉、朱华、麻士龙率领着三千多人广赣义士，和张全两千淮兵，赶往常州救援。

刚赶到横林、虞桥一带，麻士龙、张全就先和元兵碰上了。张全的队伍没有怎么打就退到了五木，他的将士里只剩下麻士龙在那里死拼，一支孤军，突出接战，在众寡悬殊的情形之下，麻士龙全军覆没，但他们没有一个逃脱，都战死在沙场。

五木这个地方本来是朱华在那里把守，他掘沟堑，设鹿角，防守得非常严密。张全的队伍退到五木之后，认为朱华的防御工事是多余的，百般挑剔，多方拦阻，不肯跟朱华合作。

这时元军乘胜追至，从略塘又直扑而来，朱华浴血力战，从清晨到下午，杀死的元军不计其数。到了傍晚，元军看朱华的阵地坚不可破，便派了另外一支元兵，绕过山头从背后攻打。张全得知腹背受敌，立刻乘着夜色迷蒙，退到了对岸，隔水观望。

元军在山头那边遇到尹玉的军队，尹玉是文天祥的直系队伍，士兵都是赣州一带跟文天祥起兵的义士，他们总共不过五百多人，但是大家都奋不顾身地和元军死拼，战事非常惨烈。那时，张全的兵就在对岸隔岸观火，不发一矢。

朱华的队伍腹背受敌，仓皇应战，退到河边来的时候，张全不许这批赣军渡河，义士们有的渡水过来，攀登他们的船只求救，而张全竟下令砍断攀船人的手指。于是朱华的队伍纷纷落水死了。

最后剩下尹玉的五百多人，那时正是十月下旬的天气，夜色深沉，只见元兵拿着火把，从四面八方喊杀过来，漫山遍野都是火光。

元军越来越多，包围圈越来越小，尹玉部队箭矢已尽，五百名士兵剩下不足三百人，尹玉也负了伤。部下流着泪劝他撤离，尹玉坚决不肯，继续战斗。他的胸前连中数箭，仍未倒下，又挥刀砍死数名元军。末了，元军把他层层包围起来，用四支长枪顶着他的脖子。

"快投降吧！"

"不！要杀就杀，誓死不降！"

"给我打！"伯颜下令。

元兵们抢起一根大木棍，朝他劈头一击，尹玉便倒了下去。

虽然尹玉死了，那些义士们依然视死如归，拼命抵抗以求冲出重围，死伤的元兵也躺满了山头。直到东方微明的时候，五百人的队伍，除四人突围脱险外，其他全部壮烈牺牲。

第二天，那四个赣州兵来到文天祥的帐下，报告五木惨败的消息。文天祥知道后，痛恨张全见死不救，立时上奏朝廷，详细说明经过，并请将张全斩首以正军法，同时要求抚恤尹玉这些阵亡的将官。

陈宜中接到这份公文以后，为了息事宁人，便急着把张全调回京去，保住他的性命，同时敷衍地追赠了尹玉一个小头衔。

五木的战报传到了临安城，广赣的军队虽然吃了败仗，但是竟没有一人投降，这种壮举令全国振奋！

五木失守后，常州也接着沦陷了。元军继续挺进，指向平江。这样一来，临安非常吃紧！陈宜中抓耳挠腮，想来想去，只是想到讲和，他害怕伯颜不肯答应，思忖着要先运用一下人脉才行。

于是，陈宜中跟太皇太后商量："吕文焕当年曾替我大宋据守襄阳五年之久，都是因为贾似道那个畜生贪生怕死，把战事隐匿不报，才使得吕文焕等人生了叛逆之心，投了元人。如今吕文焕在元主那里屡立奇功，颇得伯颜欢心，可说是元军大将里的红人。眼看元军就要打进来了，我们或许可以从吕文焕这里下手。"

太皇太后说："你想吕文焕愿意帮这个忙吗？"

陈宜中道："吕文焕怎么说也是我宋朝的人，他如今替元军卖命，多少也是为了报复贾似道，以泄心中的不平之气。如今贾似道已死，如果太皇太后愿意给他写封亲笔信，让他感念宋朝对他的恩德，然后拜托他跟伯颜议和，他总不至于置之不理。"

正当前方战事吃紧时，吕文焕忽然接到了一封太皇太后的亲笔信。于是，吕文焕便在伯颜面前提起了宋朝讲和的事。

伯颜回答："宋朝讲和，实在没有诚意。从今年二月贾似道开始，宋朝一会儿派人来讲和，一会儿又有人开战，我真不懂你们宋朝在搞什么名堂！"

吕文焕说："我接到了太皇太后的亲笔信，太皇太后的态度非常诚恳，我想这次应该是真的了。"

伯颜又说："我因为痛恨贾似道的背信弃义，所以拒绝他二月份的求和。三月的时候，宋朝又来说情，我看你和范文虎的面子，特派大使廉希贤一行人到宋朝讲和，没想到经过独松关的时候，他们竟然被当地的参议官斩首示众。四月，宋朝又来乞和，我以为是真的了，于是派张羽赴宋，到了平江驿亭，张羽又被杀！这样的事情接二连三地发生，我已经忍无可忍了。所以谈和的事，不要再提了吧！"

吕文焕说："那我该怎么回复太皇太后呢？"

伯颜接道："宋朝用贾似道这样的人为宰相，过了 15 年才发现他的真面目。这样的大奸臣，太皇太后还不肯杀他，只是将他贬官而已。既然宋朝这样不分是非，就让我们来替你们宋朝治理天下吧！"

一提起贾似道，吕文焕便不再说话了。

兵临城下

正当朝廷里弥漫着一片求和的气氛时，伯颜却乘此机会挥兵直捣临安的大门独松关。独松关在浙江杭州西北 90 里，是杭州西北的门户。

消息传来，朝廷大为惊恐，陈宜中赶快跟留梦炎商议国事。

"我看元军来势汹汹，和议恐怕还要等一段时间。"

"但是眼前亏不能不顾啊！"

"嗯，按目前紧急情势，宁可放弃平江，而京城不能不保。"

"现在文天祥正守在平江，似乎很不错，既然平江已经稳下来了，我看赶紧把他调到临安坐镇。"

飞召的公文立刻到达平江府，要文天祥放弃平江，移守独松关。文天祥做梦也没想到朝廷会作出如此糊涂的决策，他很清楚，这完全是陈宜中和留梦炎搞的鬼。

他当即回到官厅，取过纸笔，向朝廷陈述不能放弃平江、常州的理由。他愿意分兵守卫，兼顾两边。

但是朝廷又接二连三地催促文天祥回防。实在不得已，文天祥只好把平江府的职务交给通判王举之代理，再将守城的部队托付给王邦杰来指挥。临行时文天祥又特别嘱咐他们说："平江府是一个重镇，无论如何不能轻易投降，我在这里守了一个多月，愿你们彼此勉励。"

军队刚刚开到前方，元军已抵达独松关，大举进犯，冯骥战死，守将张濡已经逃得无影无踪，独松关就这样落入元军的手中。

更不幸的是，在文天祥回到临安的第三天，平江府的守将王举之和王邦杰就打开城门，投降了元人。

因为消息来得太突然，京城附近的人民都骚动起来，朝廷中那些一向跟文天祥合不来的人，便乘此机会兴风作浪，说是文天祥的失误，才使平江府落入元人之手。

文天祥并没有为自己辩护，只是把陈宜中和留梦炎接二连三召他回京的公文，贴在朝天门的横木上，大家这才住了口。

很快地，人们的注意力便转移到战事上。应该怎么样来应对独松关的元人呢？朝里又沸腾起来，议论纷纷中有三派主张。

"除了临安城以外，我们宋朝还有偌大领土，此时还是以迁都为妙。"这是一派的主张，希望以迁都来缓和目前的僵局。

"事情已经到了这步田地，迁都也是无济于事，还是投降算了。"持这种想法的人最多。

还有一派人主张继续抵抗，这是人数最少的一派，文天祥便是这少数人中的一个。

"为什么不可以在这里决战？"文天祥向张世杰建议，"现在形势紧张，但分析起来，北边还有许多地方没有被元军控制，比如淮东一带仍有宋军在坚守阵地，福建、两广整个南方都在我们手里，没有后顾之忧，京城里勤王兵马就有三四万人，再加上城外的人就更多了，我们是有抵抗力量的。"

张世杰听了以后，也很赞成他的计划。于是文天祥上奏太皇太后，愿在临安决战。

文天祥说："我们就在临安同伯颜决一死战，只要在这儿挡住元军，北边淮东的宋军切断他们的后路，福建、两广的军民再支援我们，整个战局就会转变。"

陈宜中对他的看法很不以为然，并报告太皇太后说："文天祥的这个建议不能采纳。此举关系着国家存亡，应该慎重考虑，切不可轻举妄动。"

但是朝廷又找不出什么合理的理由来反对，于是皇帝又派文天祥为浙西江东大置使兼江西安抚大使、知平安府事等，以此来敷衍他。

而文天祥对于加官晋爵并不感兴趣，他坚辞不就，只求面谒皇帝，陈述当前大计，他心急如焚，可是始终没有见到皇上。

他率领帐兵两千，昼夜帮陈宜中筹划一切，并屡次恳求陈宜中说："我建议把三宫（太皇太后、太后、皇帝）迁走，让福王、沂王分别驻在福建、广东。这样，我就可以在临安与元军决战，而且即使临安失守了，也能保全皇室，继续同元军周旋。"

但是陈宜中不敢接受，他说："不行！恐怕三宫一动，伯颜有了借口，就更不肯和谈了。"

文天祥回答："我愿带兵死守京师，与城共存亡。除我以外，还有张世杰张将军，他也愿意倾全力与元军血拼。"

陈宜中最反对抗战，立刻抢着说："使不得，千万使不得。

这关系到国家的生死存亡，一切要慎重！"

对于自己的胆小怕事，陈宜中有一点不好意思，便又给自己找台阶下，说："文天祥，我已经奏请陛下任你知临安府事，签书枢密院事，这可是中央一级的官衔，地位仅次于丞相，可见朝廷对你是特别器重。希望你和张世杰也不要自找麻烦。"

文天祥见自己的主张不被采纳，便退一步建议道："现在应该任命福王、沂王为临安知府，我担任副职，负责保卫京城。这样，军民见福王、沂王留在京师，就会有信心、有希望，誓死守卫京城。"

怕死的陈宜中唯恐三宫一走，就连个撑腰的人都没有，怎么也不肯让文天祥死守临安。

这时候朝廷中已经乱成一片。满朝文武官员看情形不对，纷纷为自己找退路，有的干脆一走了之，就连左丞相留梦炎也不告而别，不知道逃到哪里去了。

和谈依然在积极地进行着，陈宜中与太皇太后商量以后，决定即日派人前往元营去试探，看他们愿不愿意议和。

先是大臣柳岳到无锡求见伯颜，他低声下气地说："过去一切得罪于天朝的地方，都是贾似道一个人做的，跟我主无关。我们宋主恭帝年仅 6 岁，且在父丧之中，有道是古礼不伐丧，请求天朝大皇帝网开一面，止兵和议，以彰显大皇帝仁慈天恩。"

提起贾似道，伯颜不禁问道："那个贾似道现今在何处？"

柳岳回道："如今贾似道已经死了，死于漳州木棉庵中。"

坐在一旁的吕文焕听到这个消息，立刻问道："贾似道是怎么死的？"

柳岳回答："在前几个月，贾似道被贬为漳州团练使，由郑虎臣押送前往，因为郑虎臣的父亲就是被贾似道害死的，所以当他们走到木棉庵这地方时，郑虎臣便趁他上厕所的时候，把他给杀了。"

柳岳说完这番话后，继续恳求伯颜说："贾似道既然已经死了，万望伯颜大元帅垂怜宋朝，不要逼迫孤儿寡妇。"

可是伯颜毫不动心，他对柳岳说："你知道吴越的钱弘俶纳土和南唐李后主投降的故事吗？你家的皇帝大可以效法李后主和钱弘俶。至于说到孤儿寡妇，你们宋朝的第一代皇帝赵匡胤，当初不也是逼着周世宗的孤儿寡妇退位，才取得天下的吗？"

柳岳瞠目结舌，愣在那里，正不知如何作答，伯颜又继续说道："你回去告诉你所谓的'孤儿寡妇'，宋朝的天下得之于小儿，也当失天下于小儿，这是注定的。我们是不会答应和谈的，你不必再多言了。"

柳岳回到临安城，把伯颜的话向陈宜中与太皇太后说了，他们听了大惊失色，不知道该怎么办才好。

文天祥认为元人的目的是在斩草除根，要使南宋的版图归于大元，所以他还是主张抗战，陈宜中依然不肯答应。

文天祥只好又来找张世杰。

他焦急万分，对张世杰说："现在京师的军队和能动员起来参战的百姓有二十万人，我们以战为守，背城决一死战，或许还有希望。"

张世杰早已看出朝廷没有作战决心，就对文天祥说："按照目前混乱的情形，我看临安是守不住的，犯不着把兵力在这个据点上拼光。我看你还是回江西老家据守，我到两淮活动，以后再争取机会反击吧……"

二人意见不能统一，文天祥只好孤军奋战，既然不准他守临安，他便作其他的打算。正好朝廷也有意派他做江东西、广东西制置大使，兼广东经略、知广州府，以及湖南策应大使。这个任命很重大，也就是把如今的江苏、江西、湖南、广东、广西五个省全交给文天祥，由他来经营筹划。

这对文天祥来说是个好机会，倒不是因为官高权重，而是给了他在外抗战的机会，所以文天祥欣然接受任命，准备带兵南下。

可惜已经太晚了！伯颜的大军此时已进驻在皋亭山。这皋亭山距临安仅有 30 里，元人的哨兵就在临安的北门外。

陈宜中出逃

朝廷中乱作一团，满朝文武纷纷逃走，陈宜中一个人顶不住，又任命吴坚为左丞相，与他维持残局。太皇太后宣布吴坚为左丞相时，大殿里上朝的文官只有六人。吴坚也是个没主见的人，一切唯陈宜中是从。

负责中枢的陈宜中既不赞成在临安决一死战，也不愿意无条件投降。因为宋朝立国三百年，一旦断送在他的手里，这多难堪啊。所以他对吴坚说："面子要紧，有面子可以投降，没有面子宁可搬家。"

陈宜中虽然很有诚意投降谈和，但是伯颜就是不给他面子。当时，从临安朝里到皋亭山，一路上来来往往的使者，全都为了缓解这个僵局来回奔走。

最初，宋朝拟定的和谈是答应割地赔款，与蒙古结拜为兄弟，蒙古为兄，宋朝为弟。但是当使者带着这些条件去朝见伯颜的时候，伯颜却不加考虑。

临安朝廷里接着又重新讨论并修改条件，把结拜兄弟一款，改为宋朝称侄孙子，尊蒙古为叔祖，这次派柳岳、陆秀夫还有吕师孟一同去见伯颜。没想到对于这样的条件，伯颜还是不答应。

于是宋朝再退一步，尊称元主忽必烈为伯祖父，宋朝卑降为侄孙子，又请吕文焕看在以前旧日的情分上，从中帮忙。陆秀夫一行到了平江府，晋见伯颜大元帅，伯颜还是不肯。

眼看必须俯首称臣了，陈宜中便引领着文武官员，进宫拜见太皇太后，请太皇太后迁都。太皇太后又急又气，忍不住骂道："事情到了这步田地，全是你们这些饭桶误事！平常你们个个神气活现，现在国家有事，就什么办法都没有了。"

陈宜中听着，大哭道："太皇太后您有所不知，现在元人是逼迫咱们俯首称臣啊，如果真的向蒙古称臣，我们岂不是把老祖宗的面子都丢尽了！"

太皇太后不禁流下了两行老泪，说："如果能保存宗庙社稷，就是称臣也没有什么关系。"

伯颜私底下曾和左右讨论过这件事情。伯颜说："我们也不能把他们宋朝逼急了。因为把他们逼急了，怕只有两条路可走，一是死拼，另一条路是迁都逃走。"

左右参谋回道："临安汇集了文天祥、张世杰等勤王军，大约还有三四万人。真把他们逼急了，所谓困兽犹斗，必定锐不可当。尤其是那个文天祥，可真不好惹。即使我们把临安城攻下了，也要付出很大的代价，实在是不划算。"

伯颜说："嗯！说得不错，就算我们把临安强行攻下了，临安的府库和贮藏也必然会损失很多。我们花了那么大的力气却得到一个空城，确实是得不偿失啊！"

左右参谋又接着说道："没错，况且如果他们迁都逃走，结果只会更糟糕，我们还得费很多的事才能够结束这场战争。"

就在这时，朝廷又派了监察御史刘岊，携带着称臣的表章以及重新增订的条约，前往元营晋见伯颜，而且答应每年献纳银子 25 万两，绢 25 万匹，想借此保存住小朝廷。

这一次伯颜没有像以前那样严词拒绝。他表面上是愿意接受和议，主要是想以此拖住宋朝朝廷，而后再来个瓮中捉鳖。于是他答应正月十六在长安镇与宋朝代表陈宜中谈判。正月十六那天，伯颜赶往长安镇，却不见陈宜中前来谈和，等了两天，还是一个人影也没见着。伯颜觉得奇怪，立刻派使者前去打听，看看是怎么一回事。

原来，宋廷的态度还是在反复，陈宜中自己不敢去见伯颜，有些人埋怨陈宜中当初不肯听文天祥的意见，而现在又不敢面对奉表迎降的这件事。最后，陈宜中又上奏太皇太后，请太皇太后下令迁都。

文武百官都跟着掉下眼泪说："大宋幅员辽阔，本就不仅限在临安这座城，只要我们搬到元人兵力不及的地方，大宋依然是大宋，还是有太平日子过的。"

前方没人迎敌，宫中又吵着要迁都，太皇太后看到这种情况，实在没有办法，只好同意迁都。她先叫朝臣退下，并答应即日发下文武官员的旅费。宫里集中了所有的骡马和搬运夫，太皇太后一面吩咐宫人们收拾好金银细软，一面派驸马杨镇护送益王、广王两个亲王和杨淑妃一行先走，太皇太后和皇帝随后赶来。

这边，陈宜中正在打点着金银旅费，那边伯颜派来的使者却找到他，要讨回话。元朝使者问道："我们既然接受议和，你身为宋朝代表，为何不在约定的时间前去谈判？"

陈宜中不理他，只顾着使唤下人们整理东西。元人也火了，恶狠狠地对他说："无论如何，你今天一定要给我们个交代。"

陈宜中支吾不过，生气地说："没有交代，要怎么样？"

一看陈宜中翻脸，那使者便不客气地揪住他的衣服说："你不给咱回话是不是？好，咱们一起到皋亭山见伯颜丞相去。"

陈宜中吓呆了，立刻赔着笑脸说："你们丞相那边，我迟早是要去的，请您先走一步，等我把这边的事情料理清楚以后就赶去。"

使者放开他，临走还丢下一句恐吓的话："你最好今天就来，不然就别怪咱不讲礼，你不去，咱来捉你去。"

陈宜中哪里敢去，使者前脚刚离开，陈宜中后脚就跑了。

那夜，太皇太后见广、益二王和杨淑妃一行眷属都已经跟着杨镇出发了，而且她自己和小皇帝的行李也收拾妥当，便坐在宫中，一心一意等那陈宜中来安排之后的事宜。等到了半夜，还是不见陈宜中的影子，到底是怎么回事呢？于是太皇太后派小吏出宫去召。

后半夜，那个小吏回来了，不仅没有找着陈宜中，反而听到了许多可怕的谣言。太皇太后恨极了，她把收拾好的金银细软朝地下一撒，人便倒在狻猊皮的软榻上翻白眼。这时候，小吏又来通报说："禀报太皇太后，满朝文武因为找不到陈都督，都候在殿门口，请太皇太后下旨，到底大家是走？是降？还是……"

太皇太后把手一挥说："给我滚，叫他们全给我滚！"

第二天早上，她才调查清楚，陈宜中确实是逃走了，没办法，只好再派人去召留梦炎进宫听诏。回报，留梦炎早已不知去向。又下旨召大将军张世杰。回报，张世杰不肯奉命投降，当天早上已带着他的兵由海道南奔，离开了临安。

出使元营

此时，朝廷官员弃职潜逃的不计其数，外边一些守城的士兵和将官也纷纷到北营投降，京师一片混乱。元丞相伯颜又接二连三派人来，要找宋丞相当面谈判。

好多要员都聚在左丞相吴坚的家里，商讨大计，但是谁也想不出一个好办法，最后，有人提到了文天祥。

"文天祥现在何处？"

"当初他坚持在临安决战，后来太皇太后降谕，命他把部队移驻富阳，免得他在京里打扰和议。后来朝廷又派他南下，经营江苏、江西、湖南、广东、广西五省，正要走的时候，太皇太后奉表迎降，他就驻留在富阳了。"

冷清清的小朝廷里，只剩下两种人没有走：一种是主战的少数派；另一种是极力主张投降的人，文天祥一向看不起这些人。在这个节骨眼上，这些人便拖出文天祥来当祭品。

"文天祥不是很有办法吗？现在就让他到军前亲见伯颜，

谈判出降的手续吧！"

宋丞相陈宜中出走的第二天，文天祥得到两次晋升，早上来了第一道圣旨，授他为枢密使，到了中午又把他升为右丞相兼枢密使。

圣旨送到，文天祥的门客都拍手欢呼，以为是交好运了。殊不知，那时元兵已进至临安城的修门内，无论是决战、守城，还是迁都，都已经来不及了。

主张无条件投降的人全部聚集在吴坚这里，他们特别选定这既不能战、又不能守、更来不及迁都的时刻，把烂摊子交给文天祥处理。

不久朝廷又颁了一道圣旨，拜他为资政殿大学士，即刻前往伯颜帐下议和。

圣旨颁到时，文天祥的门客越发兴奋了，大家都说这值得一试。但是由这一位坚持抗战、向来反对和谈的人出面处理投降事宜，实在是残忍！

因此，对丞相的职位，文天祥恳辞不

文天祥碑刻像

受，他说："我绝不接受别的方式，除非是和元兵拼个死活。"

有些门客跟他商量，说："按目前的情况，现在元兵已进驻到修门内，朝廷绝不会支持你的。即使您一个人出来死拼，也保不了三宫出走。"

又有人建议："这时候，唯一可行的就是和元人在城下讲和。讲和未必是投降，为什么不乘此机会试一试呢？"

"朝廷既然加拜您为资政殿大学士，可以代表大宋前往伯颜帐下讲和，这是光荣的事，您就接下这个丞相的位子吧。"

就在这热闹的时候，忽然门子拿了一份名帖进来，传报说："外头有一位天台姓杜的要见相公。"

文天祥看看名帖，原来是杜浒。杜浒是天台人，他叔叔曾做过丞相，他本人当过县令，很有侠义之气。他曾集合了四千多义勇兵，赶来参加文天祥的京城保卫战，只因太皇太后不许他们生事误国，所以没有用他。

此人突然来访，令文天祥颇感意外，他立刻说了一声："快请这位壮士进来。"

杜浒刚跨进门槛，便说道："外面传说，文相公要到伯颜那边讲和，不知道这是不是真的？"

"不错，我们相公已经决定此行，要负起救国的重任。"那些门客抢先回答。

"决定了？"杜浒很惊讶，"依我看，事情没这么简单，朝廷里那几个贪生怕死的鼠辈只会耍手段，不可能真心听从您的主张。"

文天祥回答:"局势已经到了这般田地,大家都不肯管,这国家怎么办呢?我会尽力,能做到多少就算多少。这次到伯颜帐下,愿我能以大义说服伯颜,把投降的局面扭转过来,至少可以成为一个和局。"

杜浒说道:"文大人这趟万万去不得的!这里面肯定有什么诡计。"

"什么诡计?"有个门客大声咆哮起来,"能有什么诡计?我们相公好不容易等到这个报效国家的机会,你这黄口小儿,就不要在这里信口雌黄多加阻挠了。"

在临安,还没有人敢这样顶撞他,杜浒习惯性地握起拳头来。但是因为文天祥在他面前站着,他只好忍下这口气,被一大群门客推到了大门口。

虽然被推到了门口,他还是气急败坏地喊着:"文相公!文相公!您这个决定太危险了!"

文天祥不明就里,他站在厅堂上说:"杜浒!谢谢您的好意!到了现在,我也顾不了个人安危了。"

虽然在德佑二年的正月十九,朝旨封文天祥为右丞相兼枢密使,但文天祥只愿以旧官职赴北营与伯颜谈判,而不愿以丞相身份出使。

此时的左丞相吴坚、枢密使谢堂、签书枢密院事家铉翁、枢密院事刘岊和贾余庆却都是一些投降派的人。这算是临安朝廷最后的一次改组了。

上任的第二天,文天祥与左丞相吴坚、枢密院长官谢堂及贾余庆四人身份奉命出使元营。

当时，伯颜驻扎在明因寺，他们一行四人进入寺里，只见伯颜帐中警卫森严、杀气腾腾。吴坚等人早已吓得说不出话来。但文天祥神态自若，对伯颜帐下的几位将官，包括吕文焕在内，看都不看一眼。

文天祥开口先说："我是大宋的右丞相，奉太皇太后之命，今天特来与元帅谈和。"

谈话刚刚开始，双方还能保持着风度与礼貌。可是在心理上，战胜者一方似乎就应该掌握主动权，而战败一方似乎只能低声下气乞和。

伯颜勉强装作和颜悦色地说："宋室不是答应无条件投降吗？文丞相怎么说是来谈和的呢？"

堂上的伯颜咄咄逼人，南宋的这群使者早已在心里被打败了。

文天祥答道："关于先前的几次会谈，都是前右丞相陈宜中经手的，我一概不知。但是今天，太皇太后派我来这里与您商议，我们可以从头再谈。"

"丞相能够亲自来处理这件事，也好。"伯颜说道。

文天祥接着又说："本朝是个礼仪之邦，文化灿烂，历史悠久。现在北朝兴兵渡江，是想毁了它的社稷吗？"

伯颜立刻拿出了诏书，向文天祥解释说："我早就说过，绝不动三宫九庙，绝不扰京城百姓。"

文天祥沉思了一会儿，他想现在最紧要的是尽量让元军停止行动，解除京师的威胁。于是他跟伯颜说："这种话，贵国不知说了多少遍，现在，我们两国丞相既然亲定盟好，希望不会有什么变动了。"

伯颜点点头，文天祥继续说道："可是在和谈时期，必须先避免大动干戈。请您把所有军队撤回平江或是嘉兴一线，我们再一起来商量详细的条款，您以为如何？"

伯颜有些不乐，文天祥见状立刻接道："元帅刚刚既然说不动社稷，可见并没有亡我之心。如果不愿意退兵，就是想毁我家庙，覆我社稷。"

伯颜大怒道："退兵之事，谈何容易！"双方争执了起来，气氛也越来越紧张。

文天祥又说道："你如果答应撤兵，两国成立协定，这是我们都希望看到的。不然的话，两淮、两浙、福建和广东都在我们手里，我们的地方还大得很，继续打下去，对你北国也没有什么好处。"

"笑话！我们还怕你们不成？"伯颜冷笑一声。

"打仗到底不是什么好事，而且战争不断，会带来无尽的灾祸。到那时生灵涂炭、民不聊生，元帅后悔也来不及了。"

"既然我们都知道打仗不是好事，那你们怎么不干脆投降算了呢？"

"要是讲投降，我今天就不会坐在这里了。"文天祥义正词严地说道。

伯颜吃了一惊，他哪里见到过像文天祥这样铁骨铮铮的使者。从前来的宋朝使者个个都是磕头虫，一见到他就跪在地上苦苦哀求，甚至声泪俱下。

见文天祥态度这样强硬，伯颜恼羞成怒，大吼道："宋室已经投降了，你又何必在这里饶舌，你就不怕我杀了你？"

文天祥说："我是大宋的丞相，如今国家受辱，但求以死报国，就算赴汤蹈火，我也在所不辞。"

吴坚、谢堂、贾余庆等早已吓得说不出话来。北朝的将官们也在私底下偷偷说："这个文天祥不同凡响，真是个男子汉大丈夫！"

伯颜打开宋廷送来的降表，大为不满。他指责说："这降表上，竟用宋国主的名义，而不称臣，于理未合。"伯颜遂命程鹏飞为使，偕同吴坚、贾余庆等回临安城，更改降表，要宋朝以臣属的身份向大元皇帝投降。

文天祥也扭转身，准备跟他们一同回去，但是他还没有走两步，伯颜就吩咐左右将他拦住。

原来，伯颜早见惯了南宋那些唯唯诺诺的懦夫，知道那些人不会有什么作为，但是今天看到了不卑不亢的文天祥，知道他是个人才，不愿意放虎归山，想将他送给大元皇帝，为元朝效命。所以，伯颜单单留下了文丞相。

文天祥怒目质问伯颜："你拦着我做什么？"

伯颜笑着解释说："请文丞相息怒，你来此既然是为了两国之好，我俩就该共同努力，好好解决这件事情，所以留你住几天。"

文天祥说："南北使者经常往来，从来没有被扣留的前例。"

伯颜接道："关于议和的事，你们南朝虽然几次传下圣旨，可是我派去的使者始终没有亲自面见过宋主，现在我已经派了程鹏飞前去谒见大宋太皇太后。而我们这边，我还要奏请我们的皇帝来决定。等双方都商量好，就可以和丞相订立和约了。"

接着，伯颜就命人招待文天祥，实际上是把他软禁了起来。

文天祥非常懊悔自己没有听杜浒的话，所以才铸成了今天的大错。

耻辱的投降

这边，贾余庆与吴坚、谢堂回到城中。贾余庆连吓带骗，向太皇太后报告了文天祥触犯伯颜的经过，并借着元使程鹏飞的威势，取代了文天祥的地位，出任右丞相。他完全遵照伯颜的意思，把降表改成了臣属身份，卑躬屈膝地向元主投降。

临安朝廷既已跟伯颜约好，由伯颜先派遣吕文焕入城，通知老百姓积极筹备欢迎元兵事宜。元兵又派一支军队驻守在各个城门口，接着皇宫也被包围了起来。

一群朝臣都聚在宫中，催促太皇太后和幼主准备迎降，并赶快重写一份投降书，务必要以臣属的身份。

　　学士院是专门替皇帝处理文稿的机构。这天刚好轮到高应松在院里值班，太皇太后要他起草一份降表。高应松还算是个忠臣，他一接到圣旨便哭着说："小臣读这十几年书，可不是为了替皇帝写降表的。小臣宁可被撤职，甚至被杀，也不愿写这份降表。"

　　没有办法，朝臣们只得另外找人。最后找到一个姓刘的，替幼主写下了这份降表。

　　贾余庆与吴坚带着这份降表再次来到伯颜帐下，伯颜看了一遍说："宋国既然已经投降，哪里还能用德佑的下款？"

　　贾余庆连连称是，赶忙拿着表退回来，重新抄了一份，下款改写为"大元至元十三年正月"。

　　伯颜接受了降表后，特意请文天祥进帐，让他亲眼看看这屈辱的一幕。

　　文天祥进入帐中，见吴坚垂头丧气，贾余庆洋洋自得，同去的还有同知枢密院事谢堂、签书枢密院事家铉翁、同签书枢密院事刘岊和吕师孟几个人。伯颜告诉文天祥，太皇太后以"臣妾谢道清"的名义，率领臣属向大元皇帝陛下献出降表，文天祥听完只觉脑中轰的一声，有种天崩地裂的感觉。

　　他本来还以为能说服伯颜，留我宗庙，存我社稷。没想到蒙古鞑子竟是这样毫不容情地覆亡了大宋三百余年的江山。

伯颜失信固然可恨，但他更恨朝中那批卖国的奸贼。原来他们怂恿他来出使北营，根本不是为了什么国家社稷，完完全全是设圈套陷害他。

文天祥义愤填膺，指着贾余庆大骂，骂他卖国求荣，骂他认贼作父："贾余庆你想一想，大宋没有亏待你，而你却引狼入室，奉献国土，将来你怎么有脸见先帝于地下……"

骂完贾余庆，又骂伯颜不守信用："卑鄙无耻的小人，言而无信，你曾经说过社稷必不动，怎么不守信义？"

当时吕文焕也在座，他还厚着脸皮劝文天祥说："文丞相息怒，朝廷既已归降，稍等一两天，我们就会送您回去。"

文天祥见吕文焕也在帮腔，怒气更盛，他说："你这叛贼，还有脸来跟我说话，快快滚开！"

吕文焕叫道："文丞相为什么骂我是叛贼？"

文天祥说："国家不幸，到了这种地步，你就是罪魁，身为大将，却以城投敌，不是叛贼又是什么？三尺孩童都在骂你，何况我呢！"

吕文焕替自己辩护说："我守襄阳五年，粮尽援绝，朝廷不发一兵一卒，怎么能怪我？"

文天祥说："粮尽援绝，就应该以死报国。你贪生怕死，投降元军，既辜负了国恩，也败坏了自己的声誉！现在你们这一族人都成了叛逆，千秋万世之后，也要受人唾骂！"

吕文焕被骂得哑口无言。坐在一旁的吕师孟见叔叔被骂，便上前责问文天祥说："文丞相不是曾经上疏要杀我吕师孟吗？怎么到了现在还不杀呢？"

文天祥在北营，还要受自己人的气，他说："你叔侄都投降北朝，没有把你们全族斩首问罪，是本朝的失误。你还有脸去做兵部尚书！你们今日杀我，正好成全我。"

这一番话说得吕师孟张口结舌，也使得元军将领大为叹服。伯颜吐了吐舌头，对宣抚大臣唆都说："文丞相心直口快，真丈夫也！"唆都也非常敬佩地说："文丞相骂得好！"

由此可见，忠臣谁都敬仰，乱臣贼子谁都看不起。

这件事之后，伯颜越发佩服文天祥，也就更不想送他回去了。他想让这位大宋朝的英才归附元朝，帮助元朝治理中国。因此，文天祥就一直被软禁在营中，由唆都陪着他。

元兵进入临安以后，先查封了国库，没收了史馆礼寺的图书，和百司的符印告敕，更罢去官府，解散宫中的侍卫队，最后胁迫幼主皇帝率领百官，在祥曦殿拜表迎元。又命程鹏飞取太皇太后的手诏，令天下州郡一律归附大元朝，不得擅自聚兵反抗。其他还有尚未归附元朝的节镇，一律解甲投降。

太皇太后按照表中的诺言，下令现存的各州郡县，同时开城投降，等待伯颜派人去接收。又唯恐有些城镇不肯迎降，于是太皇太后又补写一份文书，给各地的守臣，上面说："今根本已废，诸城虽欲拒守，民何辜焉？诏书到日，其各归附！"

贾余庆看到这份诏书，还觉得不够完备，另外又请了部院的长官在纸尾落款的地方画押。大家依照贾余庆的吩咐，轮着画押。轮到枢密院事家铉翁的时候，他拒绝画押。程鹏飞火大了，他说："不肯是不是？我先把你捆起来，看你还肯不肯！"

"笑话！在我还没有离开这里以前，总是堂堂的执政，你算什么，凭什么捆我？"家铉翁说完转身就走，一个字也没写。

此时，文天祥被扣在北营，常常听见宋朝有人来接洽事情，但总是没办法查问究竟。

他心里非常焦虑，便找那负责看守的元人唆都问话，这个元人很服帖，因为他喜欢像文天祥这样有骨气的男子汉。

唆都和忙古歹除了监视他，还有另一重任务，那就是做说客。几天来，这两个说客费了许多口舌，却收效甚微。

这一天，唆都又对文丞相说："丞相常对我说，国存与存，国亡与亡，这才算是大丈夫的忠诚。可是现在天下已经归大元了。大元还要兴办学校、恢复科举。丞相在大宋是状元宰相，今后必能胜任大元的宰相。"

从这几天的相处，文天祥也知道唆都是一个心地善良的人，便流下泪来说："我的气节是永远不可能变的。"

唆都见他忠贞不移，唯恐他会以死殉国，所以更是寸步不离，时时刻刻看守着。

元朝的官吏也很想知道南朝王室的消息，于是唆都和忙古歹便找机会问他。

唆都问道："当今的幼主皇帝，是度宗的第几个儿子？"

"恭帝排行第二。"

"那第一个儿子和第三个儿子有没有封王？"

"当然封了。"

"哦，你们的两个王爷现在不在临安城，那他们在哪里呢？"

"大臣们保护着走了。"

唆都一听大惊失色，接着便追问到了什么地方。

文天祥说："大宋的疆土还大得很呢，有的是地方，至于逃到了哪里，我也不知道，就是知道了，也不能告诉你们。"

唆都和忙古歹听了面面相觑，接着又与文天祥谈起了平江失守的事，以及王举之、王邦杰投降的经过。唆都说："您当时为什么会离开平江那么要紧的军事重镇？"文天祥叹了一口气说："我不得已才离开的，皇帝有诏，催我即日入关。"

"您守平江府，有多少兵？"

"大概有五万人。"

唆都也叹了一口气说："我们能这么容易得到宋朝的天下，恐怕也是天命吧！"

"此话怎讲？"文天祥反问。

"丞相你要是没有离开平江，以您所带的五万部队，我们不可能这么轻易得到平江。"

文天祥笑笑，说："说不定我也会像王举之、王邦杰一样投降呢？"

　　唆都说："以丞相的气概，岂会轻易向我朝投降？"

　　文天祥叹口气，不胜惋惜地说："不错！如果我们真的在平江开战，那么谁胜谁负还不一定呢！"

　　"不过城里的百姓们可要遭殃了！"唆都大笑。

北营脱脸

被拘北上

日子一天天过去了，文天祥却日夜担心着临安的情况。

德佑二年（1275年）正月二十五日，伯颜派唐兀儿和赵兴相去临安，解散文天祥所招募的勤王军，他们发出榜文，让义军将士各自还乡。这一群江西勤王军名义上虽然解散了，并分别回到江西老家，但他们只是潜伏着等待机会。还有一些人，譬如朱兴、朱华、邹㴬和张汴等，听说广王、益王已从临安逃出，到了福建，他们也偷偷地南渡浙江，跟到福建去了。

消息发出的那天晚上，文天祥从唆都手中拿到了一份文书，原来是由贾余庆和吴坚等一伙人联名发出的"解散令"。文天祥富阳和临安的部队全部被解散了。方兴、张云、刘沐、彭震龙、陈继周、刘伯文等，这些跟着文天祥从赣州来的大将们，全都被遣散回原籍。

文天祥手捧着解散令，放声大哭。他被扣留在北营，无时无刻不在找机会逃回去，可是现在即使逃回去，又能怎样？

夜里，文天祥辗转难眠，于是挥笔写下一首诗：

只把初心看，休将近事论。

誓为天出力，疑有鬼迷魂。

明月夜推枕，春风昼闭门。

故人万山外，俯仰向谁言？

他还不知道，临安城现在一片混乱，士兵正在城里洗劫一切财宝，由各个街坊，到各个衙门，最后搜到皇宫里。临安，多么温软富丽的都市，经过这番洗劫，已经气息奄奄了。

同时，伯颜还下令，贾余庆、谢堂、家铉翁、刘岊等留在城里的大臣，每个人都以"祈请使"的名义，携带大量战利品和各州县的土地名册，亲自送往北朝燕京，给元主接收。

那么，文天祥怎么办呢？伯颜觉得很头痛，他已经屡次使忙古歹、唆都劝说文天祥，好话说尽了，都没有一点结果。他既是这样一位不肯低头的汉子，把他放在南方也不合适。最后，还是吕文焕献策，干脆把文天祥也列入"祈请使"的名下，一并北上再安置他。

这一大队人马，就像替宋朝"送葬"的行列一般，可以媲美当年贾似道母亲的出殡。

亡宋祈请使贾余庆等一行人走后不久，伯颜便率领部队，从湖州进入临安。在举行入城典礼的时候，他大张旗鼓地率左右翼巡，先在浙江海口观潮，又登临狮子峰，俯瞰临安形势。

接着，伯颜得到元主的圣旨，圣旨上说："我听说亡国之君必须向新天子行朝觐之礼，所以今天特地派使者恭迎宋太后和幼主前往朝觐……"

"嗯，不错！确实应该如此。"伯颜欣然受命。

于是，除了祈请使之外，上自太皇太后、宋幼主恭帝、皇太后全氏、王昭仪、朱美人、内廷供奉等，皇宫里一百多人，再加上各属国王爷、王爷的家属、京城官员，下至太学生，又是好几千人，都被送往北都朝觐去了。

走的那一天，伯颜命大使宣告，免幼主牵羊系颈之礼。太皇太后哭着对恭帝说："承蒙新天子的圣恩，你还不拜谢！"

五岁的恭帝听了太皇太后的话，就跪下来磕头，然后由轿子抬出宫去。太皇太后因为病重在床，暂时留着就医，但不久也接到命令，还是用床抬出宫，送往北都。

元兵留下继续攻打南方不肯投降的州郡，伯颜则亲自挟持着宋恭帝赵㬎，及皇帝的生母全太后等，率大军返回燕京。

二月初八，正是江南好时光。

杭州门外的北新桥下停着几十艘大船，每艘船的船尾都挂着伯颜的元帅旗，两岸上都是威风凛凛的元兵。一箱箱宝贝由宫里或是王府里被抬到船上。

南宋左丞相吴坚、右丞相贾余庆、知枢密院事谢堂、签书枢密院事家铉翁、同签书枢密院事刘岊和文天祥一起被元军押往元大都。

文天祥对此极为不满，他据理力争："我不是祈请使，为何要与吴坚、贾余庆一等人同行？"但是伯颜不理会他的抗议，下令四个元兵拥着文天祥上船。

船快开了，他的朋友宾客纷纷离去，只剩下一些身边的随员跟着他，其中有先前由赣州跟来、后来升为路分官的金应，还有帐前将官余元庆，总辖官吕武，虞侯张庆，亲随官吴亮、萧发、李茂、夏仲，帐兵王青和仆人张捷等十人。

如今他身陷敌营，同行的也是那几个昏庸老朽的误国之辈。有道是"国家将亡，必有妖孽"。这些个祈请使，便是断送大宋江山的一群妖孽。

这些人中，贾余庆可以说是罪魁祸首，他趁着国难当头，巴结逢迎元将，来回奔走，陷害了文天祥后，又谋得右丞相的宝座，之后又挟持宋朝公卿出卖国家。还有那与贾余庆狼狈为奸的刘岊，他本是个江南浪子，最善于钻营，因为会耍嘴皮子，博得达官显贵的青睐，竟也沐猴而冠，出入朝堂。

至于左丞相吴坚，则是个十足的书呆子，又老又胆小，只会任人摆布。枢密使谢堂倒是年轻些，可是也跟吴坚一样，没什么见地，只会随声附和罢了。

在这群人里边，只有家铉翁还算正直，怀抱着匡复大宋的忠心。他还梦想着去了北方，以言辞利害去说服元人，保存宋室宗庙。

文天祥到船上看到家铉翁，两人都低下头去。

那一边，一群朝官围着刘岊，他正扬扬得意地说："宋朝养了那么些宝贝，到头来还不是剩下我们这几个肯出面。说一句老实话，光是这一点，我三代祖宗都该得个封诰才对。"

围着他的官员都齐声应和："刘大人说得是，刘大人要是得了诰封，可别忘了替我们也美言几句呀。"

文天祥听了，只觉得恶心，赶快移步离开这里，到了内舱，没想到这边也有一堆。

一群北朝官员正在观看贾余庆的表演，看他唱做俱佳地把宋朝里的官员描述成一个个小丑。他每说一个人，便引起北朝官员的哈哈大笑，于是贾余庆就更起劲地讲述临安的"官场现形记"。

文天祥心里觉得难过，便转身退出，这才发现吴坚坐在角落里，泪水鼻涕把他的白胡须粘在一起，那干扁的嘴还不停地发出不清楚的呢喃声。

看着吴坚的样子实在可怜，文天祥想过去安慰他一句，但是转念一想，还是算了，就是这老头儿断送了宋朝的半壁江山。

文天祥又背过身，想登上船头去透透空气。头舱里比较冷清，只有谢堂一人。谢堂还是像平常一样，优哉游哉地倚窗眺望。谢堂家里是几朝的国戚，他本人则是临安城非常有名的纨绔子弟，一生都生活在温室里，反正天塌下来，也有别人替他顶着，他自己是从不知道人间疾苦的。到了这个时候，他仍然心安理得地坐在那里，用他白胖白胖的手指弹着船窗。

文天祥不想跟他说话，所以便踱出了船头。负责看守他的人倒是寸步不离跟在他背后，文天祥倚杆凝望，他也倚杆凝望。

静静地看着一江春水，文天祥满心的忧闷无法排遣，他情不自禁地吟起诗来："眼看铜驼燕雀羞，东风花柳自皇州。白云万里易成梦，明月一间都是愁。男子铁心无地着，故人血泪向天流。鸡鸣曾脱函关厄，还有当年此客不？"

他心中暗暗一动，鸡鸣狗盗孟尝君乎？文天祥伸长脖子凝望着杭州门的城楼，脑海中闪现出了孟尝君的故事。齐国的孟尝君在出使秦国时被拘，当他设法逃出虎口，到达秦国边境函谷关时，天还没亮。按照当时的规定，必须等鸡叫时，边关才可放人出关，正好孟尝君的一个门客会学鸡叫，于是这个人尖着嗓子学起了鸡叫，他这一叫，远近的鸡都跟着叫了，于是边关放行，孟尝君脱险！

可见当时的孟尝君，身边还跟着一伙鸡鸣狗盗的门客呢。而自己呢，自从他被拘之后，门客差不多都溜光了。文天祥又想起二十多天前，门客跟杜浒吵架的那一幕，他只后悔自己当初没有留下杜浒问个究竟，才落得如此田地。

文天祥悔恨交加，长叹一声，就在这个时候，忽然听到岸上有人在叫他的名字，猛抬头，一个背着包袱的壮汉已经跃上船头。

"啊！是你！"文天祥喜出望外地抓住壮汉的双臂，"怎么你也来啦？"此人正是侠客杜浒。

"我听说您也被遣北上，就特地到朝廷里弄了个小官，自愿加入祈请使，所以也跟着来了。"

文天祥百感交集，一时间说不出话来。

杜浒笑了笑说："文相公，这次旅途不寻常，我怕您一个人想不开，所以……"

此时此刻，文天祥才真正体会到了"世态炎凉甚，交情贵贱分"的真意。没等杜浒说完，文天祥便抓住他的手说："杜君，我写了一首诗，是特地纪念你的，其中有两句是：诸君昏雨别，一士独星言。我现在相信，天下还不至于像我先前想的那样没希望。不错！我不会绝望的。"

成串的差船终于打点妥当，船尾连着船头准备起航了。

忽然，从杭州城门驰来了一队快马，是伯颜帐下传令的人。原来伯颜临时下令，召谢堂一个人留在临安，可以不用参加祈请使。

等谢堂一出舱，贾余庆就对那些人说："并不是伯颜特别器重他，而是谢堂家送礼送得多，他们家已经差不多把全部家产都献上了，要不然怎么换到这份免令？"

见谢堂回去，吴坚更是伤心，哭得更厉害了。

文天祥因为谢堂这件事，颇有感慨，写了首诗：

公子方张奉使旗，行行且尼复何为？
似闻倾尽黄金坞，辛苦平生只为谁。

骚动很快又趋于平静，船上敲起大锣，所有船只依次离岸了。这次北上主要走水路，从杭州出发，沿运河北行。

二月十日，船停泊在杭县谢村。晚上，文天祥和杜浒商量好了趁夜色正浓时逃走。

正准备行动时，元军派一个姓刘的百户带着二三十人和一条船来了，逼着文天祥他们下船登岸，严加看管。虽然有刘百户看守，但是他和杜浒的交谈并不受限制。

文天祥听见村子里鸡鸣狗吠的声音，他又想起了孟尝君夜里潜逃的事。"鸡鸣曾脱函关厄，还有当年此客不？"他把这首诗念给杜浒听，杜浒懂得他的意思。他看了一眼左右，压低声音说："其实逃不掉的话，顶多是个死。而且，死是永远的逃脱呢！"

贾余庆见刘百户是汉人，就对元将铁木儿说："文天祥这家伙跟我们不一样，你们要特别留意他。"

于是铁木儿来到文天祥面前对他们说："上头的命令，说要你们今晚睡在差船上，你们现在必须回船上去。"说完便赶着他们上船了。

第二天一大早，铁木儿又驾来一只小船赶到文天祥的船边，命令一个大汉把文天祥赶上船。在一片喝骂和催促声中，文天祥及其他随行人员被押着走上船。

这个大汉是一个回人，高大的鼻子，凹深的眼睛，还有满腮大胡子，长得凶神恶煞。同船的人看见文天祥受到这种侮辱，都掉下了眼泪。他是大宋堂堂的状元宰相，曾经率领十万大军驰骋江浙，现在为了救国，前去北营议和，不想竟被扣留，如今还受到如此羞辱。

往北走，正是元军进攻临安所经之地，农田村舍一片凄凉。文天祥触景生情，感慨万分。到了第三天傍晚，船停在河边，岸上有一座小亭，叫留远亭，元人在亭前点了灯，邀请大家喝酒作乐。

对于那些善于谄媚巴结的人来说，这正是大显身手的大好机会。贾余庆和刘岊就借着酒劲哗众取宠，做出种种滑稽的样子，以讨元人一笑。

连宋朝降将吕文焕都不忍多看一眼，说："国家将亡，才生出了这等奸贼！"

过了两天，差船来到平江府，文天祥见城郭依旧，人物已非，不禁悲从中来，感慨万千地对杜浒说："若是当初我们死守在这里，就是再怎么艰苦，再怎么险恶，也比今天这种光景好啊！"

船在平江停了一个多时辰，他们一到平江府，消息就传遍了全城。一般民众听说文丞相被押，从这里经过，纷纷前来探望，有几个原来地方上的官吏在码头上等候多时，他们涕泪满面，要求登船拜见。元人生怕出什么意外，于是急忙下令解缆开船，连夜赶了90里路。

文天祥虽然没能够逃脱，但民众的反应让他看到民心所在，也坚定了他逃跑和继续抗战的决心。

差船一路沿运河北上，经过了无锡、五木和常州，这些地方对文天祥来说并不陌生。他想起十几年前偕大弟文璧由江西经此地到临安参加殿试的情景，那时他们是由北往南，怀着远大的抱负，如今却是由南往北，担忧着不可知的未来。

这些地方，印象最深的莫过于五木了。五木这个地方，埋葬了多少抗元的忠魂。只因淮军张全不战而退，才使得勤王的义士壮烈牺牲。如果那时候，张全肯加援手，便可以得胜。想起了尹玉，文天祥又写了一首哭尹玉的诗，凭吊九泉之下的烈士。

镇江脱险

二月十八日，船行到了镇江，眼看就要和江南父老告别了，文天祥心中更加焦急，他恨不得能插翅飞了出去。

镇江府是南运河通入长江的会口，这里可以说是四通八达的水上要道。运河口上有个市镇——京口。这是江南的重镇，是渡江的重要码头，也是沿运河北上的江南最后一个码头。但是这里如今已经是元军的天下，到处可见巡逻的元兵。酒馆、茶楼、妓舍、歌台，到处可见胡儿的身影。

这时候，江北沿岸的几个大码头，譬如扬州、淮安、高邮等城都还被宋军把守着不肯投降，元人的船要想安全地通过这几个地方不太容易。所以北上的祈请使到了镇江，就停留下来，等待江北方面的消息。

到达镇江府的第一天晚上，当地知府在衙门里摆下筵席，款待北方的押运官，并同时请这一伙祈请使去作陪。

第二天，坐镇瓜洲的阿术下令召见祈请使，于是，他们一大早便应命渡江去瓜洲会见阿术。

阿术灭宋之功不亚于伯颜，因此趾高气扬，不可一世。贾余庆等祈请使见了阿术，奴颜婢膝，丑态百出。文天祥怒不可遏，在一旁一言不发……

阿术看了心里很不是滋味，暗暗地跟旁人说："文丞相一言不发，想必是心里不服。"

天下没有白吃的晚餐，酒后，阿术宣布了："你们这些人算是识时务，都归顺了本朝。但是那据守扬州城的李庭芝却还在跟咱作对，死不投降。要不是可怜那一城的老百姓，我们早就打进去了。你们就趁此机会带个信给他，要他放聪明点，若是肯开城投降，咱照样保全他的功名富贵。"

祈请使们唯唯诺诺，当天返回京口以后，立刻起笔写了一封书信，打算请阿术将军过目以后便发往扬州。

书信写好以后，贾余庆提议，要祈请使全体画押，大家都很顺从，唯有到了文天祥这里，他把信搁在一旁，始终不理会，大家也拿他没办法。最后，阿术催急了，大家只得把文天祥的空名题上去，就匆匆忙忙赶着送去了。

原来，阿术急着要攻下扬州城，守城的李庭芝也不甘示弱，两人僵持了有半年之久。阿术切断了一切可以运粮到城里的路线。扬州城的老百姓和军队已经到了靠树皮草根过活的地步了。

宋廷投降以后，太皇太后降诏，要现存的州郡献城。诏书到达扬州，李庭芝气得大骂说："自古以来，只有皇帝命臣子死守城池，从来没有叫臣下开城投降的，这恐怕是元人用诡计假传圣旨，我绝不接受。"他更加防备，紧闭城门，不肯接受诏书。

所以，阿术才想到要利用过境的一批祈请使写信，劝李庭芝投降。但是李庭芝看完信后，先是把署名的宋臣痛骂了一顿，然后把劝降信烧了，还把那送信的人给杀了。他对部下说："如果国土被侵，而又不能抵抗，我们宁愿一死。"

消息传到瓜洲，阿术见这步棋走不通，觉得留着这批祈请使也没有什么用处，于是下令所有差船即日过江，继续北行上燕京。

就在动身前的那天晚上，一股寒流自漠北袭来，北风呼啸，江水亦被掀起如山的波涛，黑暗里只听得风雪声、浪涛声以及撞船的声音。

在镇江，文天祥借住在一个名叫沈颐的人家里。北人因不习水性，不敢在恶浪中前进，又因为风雪封江，祈请使团便在镇江待了下来。

对文天祥来说，这是个好机会，他对杜浒说："在谢村没有走脱，到了平江府又逃不成，现在这地方，是最后一个机会了。"

"镇江是军事重镇，敌人防守严密，逃走不易，但如果现在不逃，过了江，越向北就越不易脱身。"杜浒也这样说。

为了便于脱逃，文天祥便托故搬回船上去住。这是十分危险的事，所以他们的计划必须非常保密，参与的只有杜浒和他的帐前官余元庆。余元庆是真州人，京口和真州仅有一江之隔，所以这里有很多熟人，谋划起来自然是方便多了。

当时杜浒还怕文天祥决心不够，叮咛道："逃跑的计划如果泄露，就会死，逃到半路被捉回来，也会死，而且到时候大家都活不成，咱们大家会不会后悔？"

文天祥说道："死有什么可怕？我不后悔！"说罢，从身上取出一把匕首，对杜浒和余元庆说，"万一逃不成，就自杀殉国。"

要逃走一定要有船，要找船一定要有当地人的帮助，文天祥被元军监视得很严，走不开。杜浒和余元庆行动方便些，所以他俩便外出去找船。

京口镇因为是南来北往的要道，所以非常热闹，市面上林立着大大小小的商店，大多是为了供应由四面八方赶来的过客和船夫们的需要。这些客人需要贩货，所以市场上堆满了从各地运来的土产货物。

这些日子，因为南北的战事还没有完，所以上下游和南北运河的货运都受影响，各路水客到得不多，一般买卖做不起来，情景十分萧条。

因为这里有来自各方的人，大家的饮食习惯不同，所以市面上有许多各地的风味酒楼。大街上到处是元兵和来去嘶叫的战马。在酒馆茶楼叫闹的，也是元兵的声音。

京口的人一开始不知道这是怎么一回事，后来慢慢明白了，是国家出了乱子。直到又看见一大队差船过境，他们才明白一个事实，那就是，他们已经是亡国之民了。

有些人对元兵不满，常常在他们背后议论纷纷，也会在茶余饭后发出几句亡国之叹。

这时镇江街头出现了一个醉汉，他整天在酒楼上喝得醉醺醺的，然后疯疯癫癫地找那些素不相识的人闲谈，这人就是杜浒。他只要听见谁在发元兵的牢骚，或是叹息大宋的江山，就抢着替人家付茶酒账，还拍拍那人的肩膀说："好！你说得不错！"

人家就跟他聊起来，如果谈得不错，他总是会问人家："有没有法子逃出京口？"

"你打算逃到哪里去呢？"

"当然是到大宋的地盘上去。"

"京城陷落之后，各州郡都被占去了，哪儿还有大宋的地盘？"

"不见得，江对岸的真州和扬州不是还打着大宋的旗子吗？"

"哦，你是要过江啊！"

"不错，有没有什么办法？"

"那得有船才行啊，这几个月以来，这里只许元兵的差船往来，不许老百姓轻易渡江呀。"

"嗯，我就是想问问有没有过江的民船，如果能雇得到船，花多少钱我都愿意。"

听到的人笑着说:"如果有船的话,我们也很愿意帮忙,也用不着您花银子。可是我们的船都被元兵征去了。"

于是,这个有钱的疯子又找别人去了。后来大家才知道他并不是疯子,只是急着想离开京口。这个举动很冒险,只因百姓都很痛恨元军,也没有人去告发他。

杜浒在京口市上,像这样奔跑了几天,还是一点眉目也没有。

那边文天祥被看守得更紧了,上头又特别派个王千户来监视他,文天祥走到哪儿,他也就跟到哪儿,一点都不马虎。

文天祥因在沈颐家住过一段时间,这家人对文天祥也一直很尊重,所以文天祥没事常去坐坐,当然,王千户也陪伴着去做客。

这天,杜浒又垂头丧气地回来了,他见王千户挨着文天祥坐着。

"梅壑,今天又到哪儿去喝酒啦?元庆一直在找你呢。"文天祥对他说。

"他找我有什么事?"

文天祥摇摇头说:"我也不知道,你自己去问他吧。"

杜浒立刻转到后面去找余元庆,余元庆一看见他,便拉着他走到僻静的地方。

"有没有眉目?"

"长江上小船倒是有,都由元军严格看管,如果船上不挂着元军旗号,就不可能在江中通过,而且租船非常不容易。

不过我今天倒有一点头绪,正要找你商量。我找到一个同乡,名叫吴渊,他现在北营里管船务。"

"那好啊!"杜浒高兴得只差没叫出来。

"我答应弄到船之后,给他一千两赏银,文丞相还可以保他当大官。"

"那他的反应怎么样?"

余元庆摇摇头:"他不肯……"

"不肯?唉!"杜浒泄气了,又说道,"你我在外头张罗这件事,尽量不要把文丞相扯出来,免得遇到危险。"

余元庆不管他,继续说:"我这个老乡啊,他是不肯拿我们的钱,也不在乎官职,他说……"

"你别吞吞吐吐的了,他到底怎么说?"杜浒的一颗心又被提了起来。

"他说要是为钱和官他就不干了,但是要是能为大宋救出一位丞相,他就分文不取,只求丞相赐一纸文书,太平之后,好去拜见!"

"他准备弄什么船?"

"可以弄到一只私贩子的盐船。"余元庆说。

"什么时候可以走?"

"最迟后天,快的话今天晚上也不一定。"

"盐船靠在哪里?"

"约好在甘露寺下的江边。"

"这怎么办?江边离这里还有十来里路,而且中间的每个要道，都有盘查的哨兵，白天当然混不过去，但是夜路又不好走，大道通衢不敢走，冷街僻巷又找不着路。"

"别急！这个我们都想过了，吴渊找了个老兵，是个镇江土生土长的人，不论大街小巷都很熟悉。而且这人是个酒徒，只要有钱买酒喝，什么事都愿意干。"

两人高兴了一会儿，佘元庆突然说道："哎呀！还是不行，文丞相的住处都有重兵把守，到了深夜，任何人不准通行，除非有官灯提照，否则被巡夜的捉回来，就算有船也没命了。"

杜浒沉吟了一下，说："这个嘛，我有办法。说来也很凑巧，前两天我还结识了一位专门查夜的刘千户，这人贪便宜，得了我的银两，喝了我的酒，便答应随时派人提了官灯来接我，不受夜禁的限制。"

"太好了！这真是天无绝人之路，你去跟文丞相讲，我再去找吴渊问消息。"佘元庆拍拍杜浒的肩膀，转身出去了。

第二天，偷渡过江的盐船接洽好了。他们计划当天夜里偷渡，直奔真州和扬州。

文天祥先自己分配了一下，跟他一起逃走的共有十二个人，两个人先去江边接洽约好的船只。还有十个人，怕不容易逃过士兵的眼线，所以，他又叫三个人跟着杜浒先到那个带路的老兵家去等着，集齐了再一起走。文天祥便和剩下的几个人，在船上收拾行李，并想办法摆脱王千户。

可是要怎么摆脱看守的王千户呢？这个人凶狠暴戾，而且寸步不离。

最后，文天祥想出了一个计策，他让杜浒买了许多酒和肉，借口明天要上路，摆起了酒席，一来辞别乡土，二来酬谢沈颐多日的照顾，并请王千户作陪。他们痛饮了一场，过了一个时辰，沈颐醉了，紧接着王千户也烂醉如泥了。

这时候夜色已经深了，忽然有一个人，就是先前派往老兵家里等候的那三个中的一个，神色慌张地跑了进来。杜浒一看，觉得不对，连忙跟主人告个便，就拉着那人出门去。

"怎么回事？"杜浒问。

"那个老家伙喝醉了酒，我们急得很，催他起来，他老婆起了疑心，追问什么事，老家伙居然全告诉他老婆了。那个老太婆吵着要老兵不要去，说是太危险了……"

"那老家伙自己怎么样？"

"他喝醉了，不管我们。"

"不要紧，走，跟我来。"杜浒一把拉住来人，两个人跨着大步，奔向老兵住的地方。到了那儿，杜浒抓了些银子给老太婆，然后把老兵叫出来，藏在帐棚里。

大约二更时分，沈家堂上，残烛照着一桌狼藉杯盘，大家都散在厢房里休息，王千户的鼾声最大。杜浒闪进沈家大门，悄悄弯入厢房。

"都安排好了吗？"文天祥低声问道。

"提灯的小番已经来了，在大门外候着。"

很快的，两条人影从厢房里闪出来，到了大门口，金应和其他几个人已经背着包袱站在那儿了。文天祥换了衣服，跟在后面，其他人一个一个在黑暗处远远地跟着。

七八条人影穿过柴门，不远处，果然有个提官灯的小兵。这个小番兵是个十五六岁的孩子，没有什么见识，他一见杜浒就咧开嘴笑，准备提灯引路。

因为有官灯，一路无人盘查。到了人烟稀少的地方，杜浒拿出些银子给提官灯的元军，告诉他明天到某处去取灯。这个元兵也不怀疑，拿了钱就走了。

一行人来到帐棚前，等在里面的三个就扶着老兵出来，老兵半醒半醉。杜浒拿出三百两碎银缠在他腰上说："万一中途遇到什么人盘查，便用银两去买通。如果没有意外，这些就全是你的了。"

大家提心吊胆地跟着老兵，走了几条弯曲黑暗的小巷子，穿过一个又一个隘口，不久便到了郊野。他们捏着一把冷汗悄声疾走，这是通到江边的最后一关了。

刚溜过土圩子，忽见黑簇簇的影子拦在前面，原来这是骑兵驻扎的地方，元军把十几匹马拴在路中间，以此设立关卡挡住和盘查过往人们。因为多少天来一直没有什么情况，元军就都躲在屋里睡觉了。文天祥一行，踮起脚轻轻地从马旁边走过去。马见生人，骚动起来，幸亏屋里的元军睡得过死，没被吵醒，他们才幸运地又闯过了一关。

再转几个弯，就来到甘露寺下，杜浒又交代了几句，便把老兵也打发走了。

黑夜中什么都看不见，只听见一阵阵江涛拍岸的水声，在江边摸索了好久，还是找不到船。先前曾派了两个人来江边守候，现在也不见人影。足足过了半个时辰，大家都恐慌起来，有人认为一定是船夫失约。

抬眼望去，只见江水连天，夜色四垂，文天祥不禁长叹："真的是天要绝我？"他摸摸那带在身边的匕首："如果真是这样的话，我只好效法三闾大夫，葬身鱼腹了。"

余元庆也很着急，但他想朋友不会失约，可能是这里不安全，把船藏到僻静处去了。他不顾天寒水冷，撩起衣服，沿江涉水寻找起船来。差不多走了一二里，忽然听见一阵轻轻的摇橹声。余元庆立刻递个口哨过去，果然就是，大家高兴得几乎叫了起来。文天祥等十二人安然上了小船，满心欢喜地向长江上游驶去。能够逃出敌人的魔掌，大家都松了口气，脸上露出难得的笑容。

船到中流的时候，大家心里又紧张了起来。原来沿江岸几十里停的都是元军的船只，一会儿打梆子，一会儿唱更，戒备森严。江上没有第二条路可走，文天祥他们的小船必须从元军船只旁边经过，如果有人盘问，必然前功尽弃。幸好没有人查问。元军战船上的将士做梦也想不到，大宋朝文丞相私逃的小船，正从他们身边经过。

他们傍着北船疾走，幸而夜色隐蔽，没有被人发觉。船向江中行驶，到了七里江时，只听差船上打梆的敲着四更。

前面突然一阵大亮，原来是巡夜的官差兵船。

为了要避开那些兵船上射来的光，他们谨慎地用力摇橹，尽量减少动静。

忽有一只巡船追来，大声吆喝道："什么船？"

"贩河盐的！"老艄公答道。

元军发觉船上可疑，遂乱叫着"停下！停下！"并尽力向小船驶来。

当下杜浒、余元庆，还有吴渊等人，协同船夫猛力摇着橹，划着桨，不理会他们，急速向前驶去。这时恰好退潮，元军巡查船搁浅了，他们只好眼巴巴地看着可疑的船离去。

不久，半天里响起了一声春雷，接着刮起大风，他们急忙把帆篷拉起，船乘风破浪，箭一般前进。

快到天亮的时候，他们远远望着真州城的城头，巴不得能插翅飞去。此时距离还有二十里，他们深恐北船在后面继续追踪，更怕岸上有哨骑巡逻，个个使出浑身力量，轮流划桨。天明时分，小船终于停泊真州。文天祥向老艄公再三致谢，然后向真州城奔去。

真州被疑

到了真州城下，看到城头上绣着"宋"字的大旗，一行人都激动不已。余元庆对守城士兵急切喊道："快开城门。"

"什么人？"守城士兵大声问道。

"文丞相在镇江逃脱，特来投奔。"余元庆高声答道。

守兵通报后，安抚使苗再成惊喜万分，他亲自打开城门，将文天祥扶上马。城里老百姓听说文天祥回来了，纷纷拥上街头，夹道欢迎。

苗再成把清边堂收拾干净，作为丞相的官邸。真州的将校和幕僚都来拜见，讨论当前的局势。

京城和真州的通信已被隔断数月，所以恭帝投降、二王出奔、京城沦陷的事，他们一点都不知道。如今听文丞相说来，每个人都非常悲痛，也非常痛恨那些卖国的奸贼。

苗再成感慨万分地对文天祥说："两淮的军队足够收复失地，只是淮东统帅李庭芝和淮西统帅夏贵一向不和，不能合力进取罢了。"

文天祥说："可有什么好办法？"

苗太守说："如今丞相前来主持，让他们联合抗元，那么大宋复兴便有望了。"

文天祥听了，大为兴奋，继续追问进行的计策。

苗再成很自信地说："我们先约淮西兵直趋建康，元军必然会竭力抵御淮西之兵。同时指挥淮南诸将，以驻扎在通、泰二州的我军攻打湾头，以高邮、宝应、淮安兵攻打扬子桥，以扬州守军攻打瓜洲，我率领水军直捣镇江，同一天大举进攻。湾头、扬子桥防守脆弱，而且当地的士兵都心怀怨恨，日夜盼望我军到来，可以很快攻破。然后三面围攻瓜洲，我从长江水面进逼，元军必无路可退。占领瓜洲后，以淮东各军进攻京口，淮西兵则往金陵进攻，同时切断元军在两浙的退路，敌军统帅就成瓮中之鳖了。"

文天祥喜不自禁，连称妙计，于是他立即提笔给李庭芝和夏贵各写了一封信，另外又给其他州郡守将写了信，让苗再成派遣使者星夜兼程，火速传递书信并到四处进行联络。

写完信，文天祥兴奋不已，他还做着收复河山的美梦，可是他哪里知道，淮西制置使夏贵，已经在八天前投降元军了。

就在文天祥到真州的第三天早上，苗再成派一个姓陆的都统约文天祥等人去看城防工事，于是他们一行人，便先在西门城楼上闲看。登城所见，是一马平川的平野，大江横前，但形势的壮阔却掩饰不了田园的荒凉。这些年来，南北交兵，这富庶的淮东，已经变成白骨累累的沙场了。

过了一会儿，又来了一个姓王的都统，大家边走边聊，不知不觉就被带到了城门外，于是他们又在城外边参观了一会儿。

王都统神色十分怪异，吞吞吐吐地对文天祥说："有人说丞相来真州说降！"

文天祥正觉得莫名其妙，王都统继续说："据从敌方逃回来的人说，元军故意派出一位丞相，到真州骗城。"

"这到底是怎么回事？"

"您自己应该比我们更清楚吧！"说完后，两位都统突然扬鞭催马，奔进城去，小西门也紧紧地关上了。

文天祥等人站在城外荒野中，心里不是滋味，想不到李庭芝等人居然这样怀疑自己，这比受敌人的侮辱还难受。

大家都失望极了，杜浒说："他们大概是中了敌人的反间之计，元人居然能想出如此阴险的招！"

正当文天祥等人在城外不知所措的时候，忽然又走来了两个人，自称是义兵头目张路分和徐路分，他们对文天祥说："苗安抚派我们两个人来送行，看看丞相准备去哪儿。"

文天祥说："苗再成既然要我们走，现在只有去扬州，见李制使把事情弄清楚。"

"不成！安抚告诉我们说，淮东不可去。"

"我只有这一条路可走了，不去不行。"

"好吧！如果你一定要去，我们就不再勉强，走吧！"两位路分答应着，却把他们领上了去淮西的路。

走出几里路，忽然从后面来了五十名全副武装的士兵，手持弓箭和刀枪，还带了文天祥等人的包袱行囊，原来也是来送文丞相的。两位路分又从队兵手里拉过两匹马，让文天祥和杜浒二人骑上，然后继续赶路。

这大队人马面带杀气，文丞相骑在马上忧心如焚。随从的人也都默然不语。到了一个荒芜的田野，那一队人马猛然散开，环绕着他们，驻足不前。两位路分请文天祥和杜浒下马，并且说有事商量。

文天祥等人看到这种情景，心想他们可能要动手杀自己了，但仍然沉住气问："二位在此有何见教？"

"走几步到那边去。"

两个路分指着那大队人马列成的圈子。文天祥走过去，满地是乱草，他瞥了一眼周围的情形，突然想到，这是刑场。二位路分又说："请坐，请坐。"

　　文天祥有些生气了，于是高声向两位军官质问："你们的意思我很明白，但不知这是不是苗再成的命令？"

　　"我们苗安抚，倒是没有这个意思，不过，昨天李制使派人到我们州上，打听你的情形，他怀疑……"

　　"李庭芝怀疑我是阿术派来骗城的吗？"

　　"要不然，你们这么多人怎么可能一起逃出京口？要知道从京口过江，单是一个人也不容易逃掉啊！何况你们还带着行李、跟班，"军官又瞄了余元庆等人一眼，继续说，"看你们这样，好像是北人派来真州上任的嘛。"他冷笑起来。

　　"我也知道不容易……"文天祥突然觉得一阵心酸，把话哽住了。

　　杜浒完全明白了，他分辩道："你们以为我们能那么容易逃出来吗？自我们从临安动身，就无时无刻不在计划逃走，可是都没有机会。到了京口，又前前后后准备了十多天……"

　　"梅鋆，不要说了。"文天祥劝住他，又对那两个军官说，"李庭芝不信任我们，难道苗再成也怀疑我们吗？"

　　"我们安抚也是半信半疑，若是依李制使的命令，早就把你们杀了。可是安抚又不忍心，所以只叫我们带着行李送你们走，丞相到底要往哪里去呢？"

　　"除了去扬州，还有什么地方可去呢？"

"李制使要杀丞相，扬州去不得。"

"到了这个地步，也只有听天由命了，要是我死在扬州，也算是死在我们自己的国土上。"

"安抚的意思是，您去淮西比较好。"

"淮西的夏贵我不认识，再说淮西旁边的城镇都有元军，无路可走。我们只能到扬州，李制使如果信任我，我就动员他出兵收复失地，不然我们就从通州下海到南方去寻找二王，另图光复大计。"

"何必去扬州送命呢？不如到附近山里去躲躲。"

"生则生，死则死，我一定得去扬州！"

"那就这样吧！苗安抚已经备好了船只，丞相从江上走，归南归北都可以。"

文天祥一听"归北"二字，立刻火冒三丈："怎么，难道苗安抚也怀疑我们了？"

二人见文天祥无降元之嫌，这才说出实情："苗安抚对丞相也是将信将疑，让我们见机行事。若是您要上船回镇江，就让我们动手把你们杀了。您还不知道，淮西的夏贵已经投降元军了，所以我才故意叫你去淮西，就是想试探一下您。"

文天祥这才恍然大悟。二人接着说："我们看出您实在是一个刚直耿介的忠臣，所以迟迟未敢加害。现在，您既然决心要去扬州，我们就送你一程吧！"

文天祥拿出了一百五十两银子赏给五十个士兵，然后又开始上路。马儿不停地奔驰，人也不住地在喘息，黄昏下一片寂静。这一带是元军的防区，万一遇到敌人，很难逃脱，他们提高警觉，加鞭疾驶，不敢高声也不敢轻语。

天黑以后，二位路分领着 30 名士兵返回真州。剩下的 20 名士兵，又送文天祥他们走了十多里地，讨了些赏银，也不肯走了。他们告诉文天祥等人，黑夜里有贩货的商人去扬州，跟着他们走，就会到扬州西门。

九死一生

到达扬州西门，已是三更时分，城门紧紧闭着，全无灯火，连狗叫声都听不到。

他们一行十二人，好不容易走到城门外，又是饥饿，又是疲困，那种狼狈相，实在不堪言状。他们左找右找，连一个歇脚的地方也没有。原来李庭芝正在实行坚壁清野的政策与阿术抵抗，城郊附近的房屋，早就拆尽烧光了。

天色深沉，总得先找个地方休息。他们又回头走了半里多路，才找到一座坍塌的破庙。大家走进去，破庙里都是乱草，连屋顶也不见了，只剩下半截墙壁，香案台上都是露水。

大家也顾不了这些，十二个人东倒西歪地瘫在地上。好不容易熬到四更天，天色微明，有一群运货的乡下人，哼哼唧唧地走过庙门口，他们便跟着这些人一起到西门等候开门。

大家又紧张起来，进了城，是生是死还不知道。杜浒说：

"既然李庭芝当初非令苗再成杀我们不可，现在又怎么会相信我们呢？我们不如先找个地方躲起来，到晚上投奔高邮，然后再从通州渡海南下，寻找二王，再图复兴之义举。"

金应却说："离城不远就有元军的哨兵，从这儿到通州五六百里，怎么能走到呢？与其路上受苦而死，还不如死在扬州城下，这好歹是咱们自己的土地啊！而且，李庭芝也不一定会杀我们。"

其他人，有的同意杜浒的意见，有的同意金应的说法。平时处事很果断的文天祥，此时也没了主意。而且这里又离元军占领的扬子桥很近，不是久留之地，怎么办呢？文天祥犯起难来。

就在这个时候，余元庆却引来了一个卖柴的乡下人，他说："相公，这个人知道一条去高邮的近路。"

"白天赶路不方便，现在你能找个地方让我们避一避吗？"杜浒问那个樵夫。

"先到我家住一天吧！"那个乡下人说。

"路上有没有元兵来巡逻？"

"几天才会来一次，今天能不能碰上，就看你们的运气了。"

"我看不保险……"金应插嘴说。

"进城也不一定安全！"杜浒反驳道。

他们两个人又开始争辩，此时，天快亮了，城门外停着好些乡下担子，等着进城。

这时，总辖吕武忽然从后面跑过来，神色慌张地说："不好了，余元庆、李茂、吴亮、萧发四个人逃走了，把银子也带走了。我一发现就去追他们，连影子也没有。"

原来余元庆趁他们跟樵夫说话的时候，偷偷转回破庙拿了银子走了。他不愿意再过担惊受怕、吃尽苦头还得不到别人谅解的生活。文天祥虽然是堂堂丞相，但是手下没有一兵一卒，想要光复也不是容易的事，与李庭芝的误会更让他复国无望了。他的家就在真州，何不回到家中，安分守己做一个平民老百姓呢？于是他便说服李茂、吴亮、萧发，四人分了银子，偷偷地走了。文天祥虽然非常痛心，但他的决心并没有因此而动摇，一行八人跟着卖柴人继续往前走。

腹中无食，身上无力，饥寒交迫，文天祥从来也没有经受过这样的煎熬。他步履艰难，走上几十步，就喘得上气不接下气，倒在荒草之中，随从将他扶起来再走，一会儿又跌倒了。就这样反复十多次，勉强到了桂公塘，此时天色已经亮了。樵夫的家大概有三十里远，他们已经走了快一半了。

打柴者说："照以往的经验，元兵都是在上午出来巡查，过了中午以后，便都回去了。所以现在不能再走了，恐怕山头有元军巡查，所以我们要赶快躲到山里去。"

在路旁不远的小山坡上，有一个土围墙。这里看起来原先是老百姓的住房，毁于战火，木料和砖瓦都没了，只有四面断墙。走近再看，里面到处是马粪，脏极了，但是这里倒是个藏身的地方。

他们把粪土瓦砾扫除了一下，便把带着的衣服铺在地下，或坐或躺，安顿下来。

他们个个饥饿难忍，好不容易撑到中午。到了中午，大家很高兴，按元营的习惯，上午出哨，过午即归，因此大伙都说："今天又得命了！"

大伙刚刚松了口气，忽然，远处人马嘈杂。从墙缝往外一看，只见有数千名元军骑兵，从东向西浩浩荡荡地开过来了。

"没有死在扬州城下，竟然要死在这里了！"金应闭上眼睛，自言自语地说。

大家蹲卧在土墙下，心里紧张极了。就在这时，忽然刮起了大风，乌云翻滚，豆大的雨点落了下来。元兵为了赶到有人家的地方避雨，只顾急忙赶路，大队人马从土围边开过去了。只听见马蹄声、刀剑碰撞声、吆喝声，以及错杂的脚步声，和风声雨声交织在一起，元兵正沿着土墙外边经过。

过了好长的一段时间，人马声才慢慢远去，土墙又恢复原来的宁静。大家就像大赦不死的罪犯一般，相互祝贺。

后来他们才知道，这是押送宋朝祈请使去大都的队伍，其中还有元国掠夺的财物以及其他人员。因为在镇江让文丞相跑了，所以他们动用了上千人的军队来警戒。

这时日已西斜，想元人哨兵不会再来了，樵夫对大家说："山下有一座古庙，里面住着讨饭的乞丐，如果要找吃的东西，得到那边想办法。"

他刚说完，吕武、邹捷便自告奋勇地下山去了。

谁知这天因有祈请使经过,元军骑兵也改变了活动规律,二人刚下山,就被抓住。幸好他们机灵,又把腰间藏的白银全给了元兵,这才脱身。吃的没有找到,还差点送了命,两个人只好哭丧着脸回到山上。北哨出没不定,他们也不敢再轻举妄动了。

两天两夜都没吃一口东西,总要想一个办法啊!将到傍晚的时候,文天祥便请那个乡下人到城里走一趟,买点米回来充饥。快的话,大约黄昏时,可以返回。

天黑了,卖柴人进城还没有回来。原来,今天元军活动频繁,有几百骑兵总在扬州西门外巡逻,所以午后城门没有开,卖柴人自然也就被关在城里。天黑以后,天气更冷了,大伙饥寒交迫,露天的土围子没法过夜,于是只得下山,到一座古庙里暂避一宿。

于是他们挨个下山,一个个溜到古庙里。庙里面黑漆漆的,而且相当潮湿,墙角的稻草堆上坐着一个女乞丐,头发蓬松,面目污垢,乍看之下像是女鬼。

八个人在庙里还没坐稳,就从外面进来了一个手持木棍的汉子,接着又进来三四个人。文天祥心想,难道刚躲过了元军,现在又碰见了土匪?

"你们别怕,"见文天祥有些惊疑,那位讨饭的妇人赶忙解释,"他们都是樵夫,砍好柴在这里歇一宿,天亮进城去卖。"

见他们并没有恶意,大家便上前去搭讪,攀谈了一会儿,文天祥简要地说了一路遇难经过,说:"我们都是从元兵手下逃出来的难民，现在打算往高邮去，如果你们知道路，而且肯带我们一段，我们愿意出钱。"

樵夫一口答应下来，并且说："这里不是去高邮的正道，必须改向贾家庄，明天先在贾家庄准备一天，等吃饱了，备齐干粮和马匹，然后再上路……"

文天祥非常感激，连忙答应到了高邮必要重重酬谢，他们也很友善地把吃剩的野菜羹分一点出来。

五更时，文天祥等人随樵夫出发，天亮到了贾家庄。樵夫将他们安置在一个和昨天差不多的土围里，然后担柴进城。

到了中午的时候，进城的樵夫总算回来了，而且带着米和肉，大伙儿饱餐了一顿。

黄昏时，一行人正准备动身，忽然跑来五个自称巡查的骑兵，手里还提着光亮夺目的刀剑。文天祥等拿出许多银子，才算保住了性命。

等这伙人走了之后，樵夫们立刻为他们买了几匹马，指点了往高邮的路，催促他们趁着夜色赶快离去，因为扬州城内也正在通缉文丞相。没想到天地虽大，却无文天祥容身之处，自己的土地也不容他。

在苍茫的夜色里，八个人骑在马上，没命地往前奔去。约行了40里路，但一过桥就迷了路。几个人乱走了一夜，不辨东西南北，人困马乏，十分狼狈。

初六早上起了大雾，雾散之后，再抬头一望，一队元军骑兵正朝他们走来。幸好路旁有座竹林，文天祥忙招呼大家进去躲避。可是已经被元兵发现了，这些元兵骑着战马，立刻从竹林四面包围过来。

一番厮杀后，帐兵王青被五花大绑拉出竹林；张庆右眼中一箭，颈部被砍了两刀；邹捷藏在厚厚的烂竹叶下，元军的马把他的脚踩得鲜血直流，而他忍住疼，一动不动，元军没能发现；杜浒和金应被抓住了；文天祥本人藏在杜浒旁边，元军从他身边走了三四回，却没有发现；吕武、夏仲躲在别处，也受到了惊吓。

文天祥躲在那里好久，忽然吕武叫道："文相公！文相公您在哪里？"这才知道元兵已经远去了。

吕武、夏仲二人扶着文天祥走出竹林，张庆眼睛流着血，几个人彼此搀扶着，一步步走下山去，在路上遇见了杜浒和金应，原来他们把随身携带的银子献出来，才被放回，只是王青被捉了去，不知是生是死。

七个人在山脚下遇见几个樵夫，才问明了往高邮的方向。樵夫见他们是遇难的，表示愿意帮助，见文天祥实在走不动，他们就找来了个箩筐，让文天祥坐在里面，几个人轮流抬着，一直抬到高邮城西。

文天祥这时候已经被折磨得不成人样，这些天的风吹雨打、饥饿和恐惧，使得他双目凹陷，胡须丛生，现在又屈曲在箩筐里，六个人轮流抬着他。堂堂的状元宰相，竟落到这个地步……

终于来到高邮城，却见城外正悬挂着淮东制置使李庭芝命令下来的榜示，上面说是元人阿术派遣文天祥到处骗城，各地守城官应严行缉拿。好在他们七个人穿得破破烂烂如同叫花子一般，而且张庆、邹捷二人满身是血，守卒只当他们是元兵掳掠的难民，没有理会，随他们自来自去。同时，文天祥又改称他一个老朋友刘沐的名字，所以谁也没有发现他的身份。

奔向通州

他们离开高邮，继续搭船往泰州出发。这一带几经战火，船夫口沫横飞地谈论着战事。

文丞相一行人提心吊胆地过了五天，船才到达泰州城。他们不想多耽搁，可是从泰州往通州还有 300 里水路，这一段路最难走，北骑和流寇，成了沿途的大害，要想通过这里，等于是在兵匪的夹缝里冒险。

为了安全起见，他们想和其他船只结伴而行，可是等了几天，都没有消息。他们一直等到三月二十一日才开船，行了两天两夜，历尽艰难困苦和危险，终于在二十四日到达了通州。

通州城和其他地方一样戒备森严。守门的地方官看他们讲的是外地口音，觉得很奇怪，就把他们全叫来问话。一听之下，南腔北调，差不多一个人有一种口音。

"你们七个籍贯相差这么远，竟然还结伴而行，不可能是这么巧吧。你这个姓刘的，到底是干什么的？快说老实话，要不然，抓了你们到团练使衙门去。"地方官逼问着。

"相公！我们就告诉他吧！通州是我们的地方，要死就死在这里好了。"金应斜靠着墙壁，非常疲倦地说。

"哦！这个姓刘的还是你们的主子啊！"地方官大惊小怪地叫起来。

"我们相公不姓刘，他是宋朝丞相文天祥。"吕武接着说。

"什么？文天祥！"地方官一愣，他想起来一个月前，大家都传言说文丞相被镇江府派来到处骗城。

"是的，我是从镇江逃出来的，"文天祥不等他说完，"北人到处通缉我，南方也拿我当奸细。好！告诉你们太守吧！宝祐四年的状元是我，在江西赣州起义勤王的是我，北议谈和在皋亭山被伯颜扣留，好不容易从镇江府逃出来，现在元兵到处搜寻、李庭芝这边也要逮捕的文天祥，就是我……"

地方官听了之后恭恭敬敬地说："文丞相您请坐，我这就报告我们太守去。"把随行的六个人也安置妥当，地方官便跨马进城去了。

通州团练使杨师亮也接到了李庭芝捉拿文天祥的命令，告示各关口严密防守，不准文天祥混进城里。但是前几天，他又得到了镇江元军方面的情报，说文天祥是私自逃脱的，为这件事伯颜大发雷霆，阿术也斩了不少人，并且全力缉捕文天祥。

元人的行动，又证明了文天祥不是奸细。杨师亮解除了疑虑，立刻准备轿子，亲自带领着手下将官，飞驰到城门下迎接。文天祥满脸风霜、衣衫褴褛，杨师亮看到后，心中一阵酸楚，接着就是一拜："丞相辛苦了！"

"团练使现在应该相信了吧，我不是来骗城的。"文天祥说着，几乎掉下眼泪，同行的人眼眶也都红了。

他们被迎为上宾，住进了团练使衙门里，杨师亮对他们也非常恭敬，款待殷切。文天祥自进入元营被扣，到逃出了京口至真州城，又从三月初三被赶出真州城，两个多月千里跋涉、出生入死，现在，总算得到一个喘息的机会。

到了通州后，跟着文天祥的人只剩下六个，而且伤的伤，病的病。尤其是金应，身体本来很不错的，一到通州就倒下来，没多久就病故了。金应跟了文天祥二十年，与他出生入死，感情深厚。入殓时，文天祥特地在棺材上钉了七颗木钉和一个木牌做记号，准备将来亲手取其骸骨归葬庐陵。

休息了两天之后，文天祥便向杨师亮打听南方二王的情形。

杨师亮告诉他说："当临安遭难的那一天，二王就在驸马杨镇和杨亮节、俞如珪的护送下，逃出了京城。伯颜一到临安，发现二王出走，立刻派范文虎带领大队骑兵追赶。杨镇见追兵甚急，就让杨亮节和俞如珪二人护着二王赶快逃走，他回去跟追兵厮杀。杨亮节和俞如珪背着二王跑到了深山里，前后藏躲了七天，等到风声平静下来，才又继续前进，目前在永嘉。"

"没想到二王也受到这样的迫害，真令人心痛！但不知南方的军队怎么样了？"

"陈宜中在澳门，张世杰在定海。另外还有陆秀夫和刘义两人也追随二王到了永嘉。很多不甘亡国的文武大臣闻风也赶到了永嘉。各路兵马也集结到了一起，颇有声势。后来，大家就在永嘉的江心寺，奉益王为大宋朝天下兵马都元帅，广王为副都元帅，檄召天下各路忠义民兵，效力王室。"

文天祥听他这么一说，知道中兴还有希望，恨不得立刻飞到永嘉去。

杨师亮劝他说："丞相别急，先在我这里休养几天，等身体恢复了，我再派人送你回去。"

文天祥又在通州住了二十多天，从通州去浙江，陆路和江路都被元兵切断了，只剩下泛海一途。而海路不比江路，必须有海船才行，海船很少，必须耐心等候。

出发前，文天祥写了一首诗送给杨师亮：

白骨丛中过一春，东将入海避风尘。

姓名变尽形容改，犹有天涯相识人。

投奔二王

九死一生的孤臣文天祥此时站在船板上，欣赏着海的壮

阔美丽,心中充满了希望和对未来的梦想。海船驶到扬子江,他曾写下一首诗:

几日随风北海游,回从扬子大江头。

臣心一片磁针石,不指南方不肯休。

经过台州海岸,这里已经是南宋的势力范围了。他们下船休息,补给一点东西。台州是一位宋朝开国名将张永德的故乡,他的后人张哲斋也是爱国之士,听说文天祥过境,便立刻邀请他们到家里来。

文天祥和张哲斋谈得非常投机,大有相见恨晚之意。张哲斋受到感召,愿意挺身而出,追随丞相抗敌复国,拥护二王中兴大计。

自文天祥离开之后,张哲斋便积极地筹备起来,先拟好了讨伐元鞑子的檄文,张贴在台州城门,并且檄召海上的各路英雄准备举事。他与文丞相约定好,只要一接到动员令,他便立刻号召海上船只和水兵跟着作战。

可是时间一天天地过去,张哲斋左等右等,也没有一点消息。直到六月才知道,文丞相到了福安后,本来想率领勤王义士海陆并进,攻取明州。但是这个计划触到了陈宜中和张世杰的短处,所以他们极力阻止文天祥。

张哲斋不仅报国未遂,反而招来杀身之祸。两年后,元军大帅张弘范领兵南伐,经过台州的时候,见各地墙壁上仍贴着檄文，知道张哲斋有抗元之心，他派人把张哲斋抓来，张哲斋宁死不屈，张弘范便下令将他处死。

且说文天祥由通州赶到永嘉时，广、益二王已经离开永嘉迁往福州了。

于是他一面派人赶去报告，一面纠合旧属，准备和沿海英豪举兵反攻。邹㳚等各地义士闻风而来。文天祥见各地士气激昂，非常高兴。

五月初一，从北朝燕京传来不幸的消息，忽必烈废恭帝为元朝的瀛国公，恭帝不久便被剃度为僧，全太后也被削发为尼。

南方的文武大臣认为帝系不能断，于是恭请益王登基，改年号为景炎，加封弟弟赵昰为卫王，并以陈宜中为左丞相兼枢密使，张世杰任枢密副使，陆秀夫同签书枢密院事，陈文龙任参知政事。

文天祥接到命令后，立刻动身往福州，觐见皇帝。此时的文天祥已经两鬓斑白，形容枯槁，皇帝看到后非常感动，立刻任命他为右丞相兼枢密使，都督诸路兵马。

文天祥希望统率一支军队，由台州、永嘉一路，经略浙东。因为他路过台州时，已经约好了海上英雄张哲斋在那里接应。虽然皇帝想把复国重任交给文天祥，但是陈宜中依然把持着政权，文天祥见到他的时候，谈了几句便话不投机。

当文天祥质问他当初为何弃职潜逃时，陈宜中又羞又恼，更视文天祥为眼中钉，对他言不听计不从。文天祥虽身居相位，却是徒有虚名。

左右丞相本来应该共同辅佐皇帝的，但是陈宜中却不肯合作。文天祥性情刚直，最看不惯尸位专权的人，尤其是陈宜中依仗着张世杰率领的大军为所欲为，权威用事，不立纪纲。虽然朝廷的任命已经下来，文天祥却坚持请辞。他说："我要是当了右丞相，势必与陈宜中发生冲突，内部先争起来了，还怎么能抵御强敌呢？"

当时的端宗皇帝年幼，只好以文天祥为枢密使，同都督诸路军马。

文天祥上疏，请求带兵回到永嘉，准备收复浙东。但陈宜中极力阻止文天祥的计划，因为他和张世杰先前就驻扎在永嘉，那时候只听说北人打来了，他们俩便放弃了浙东，这时候见文天祥自告奋勇，他们觉得很没有面子。

老奸巨猾的陈宜中对左右参谋说："以目前勤王的军力来说，数张世杰和文天祥的两支兵力最大。张世杰是个武将，处处听我的。与其派文天祥，不如让张世杰去。如果世杰立下大功，收复了浙东，那也就等于是我的功劳。"

左右参谋接道："是啊，论目前的威望与名气，没有人比得上文天祥。如果是他立下大功，收复浙东，那么这个功劳怎么样也算不到您这边的。"

陈宜中以私心误大事，这不仅是他个人的悲剧，也误了朝廷。南宋末年国家艰危，大臣不能同心同德对付敌人，这就注定了它必然失败。

陈宜中派张世杰、张文虎以及在江西吃了败仗的吴浚，率十万大军往永嘉攻打定海，无奈元朝大将李恒所统率的兵马既精又多，所以张世杰一方吃了个大败仗，吴浚逃到宁都避难。

　　当时很多人都想请文天祥出马，挫一挫敌人的锐气。七月初四，文天祥自福州出发，十三日到达南剑州。南剑州是闽江上游剑溪、沙溪的汇合处，依山建城，地势非常险要，素有"八闽屏障"的称号。文天祥在这里建立了同督府，亲自草拟檄文，号召天下义士参加勤王义军。

　　扬州的战事也越来越不妙，元将阿术攻下了高邮、宝应以后，就等于完全切断了扬州的粮道。而博罗所率领的另一支元兵又攻下了泰州的新城，李庭芝的处境更加孤立。

　　为了招降李庭芝，阿术还把淮西夏贵的降卒赶到扬州城下，大声喊话："天下皆归附大元，扬州一隅之地，何能久守？"

　　李庭芝的帐下幕友也受此影响，十分感慨地说："李将军，既然皇帝都投降了，我们守着这孤城还有什么意思呢？"

　　李庭芝说："降元一途，我绝不考虑。城破之日，我唯有一死。"

　　阿术又派了使者，以元主忽必烈的手诏诏示李庭芝，只要答应投降，什么条件都可以。李庭芝打开了城门，把使者迎接进去。没过多久，阿术却看见那使者人头被挂在扬州南门，李庭芝还当众焚毁了元主的诏书。

　　其实扬州的军粮早已吃完了，李庭芝向民间求粮，不久，连民间也没粮了。城外的元军，火力不断，城内的淮东军，虽然粮尽援绝，依然力战不屈。

阿术见围城已长达三个月，却久攻不下，于是又请元主下诏，只要李庭芝肯降，不但赦免他斩使焚诏的罪，而且官上加官，禄上晋禄，李庭芝却不为所动。

端宗即位后，下诏到扬州，命李庭芝去福建讨论军国大事。李庭芝率姜才一伙七千多人乘夜突围，想由泰州出海，逃往福建，将扬州交给副使朱焕坚守。没想到，李庭芝前脚一走，朱焕后脚就开了城门，迎入元军，防守了三个多月的扬州，就这样落到了元人手中。阿术进城后，发现李庭芝已出走，立刻带兵追赶，李庭芝与姜才且战且走，进入泰州城的时候，兵马已损失了一千多。

阿术将泰州围住，并从扬州逮捕了李庭芝全部家属，要挟李庭芝投降。李庭芝认为不应为私情而损大义，所以固守不降。

可是泰州守将孙贵、胡惟孝等并没有守城的决心，尤其那几天，姜才背上长了疽疮，没法应战。李庭芝身边的一伙将领也觉得前途未卜，所以他们乘李庭芝不备的时候，偷偷开了北门。等李庭芝得到消息，元军已蜂拥而入，不得已，李庭芝转到后院，投荷花池自杀，却因水浅自杀未遂，最后和姜才一起被捉，被解到了扬州阿术的帐下。

"我们屡屡劝你归降，你为何抗拒到底？"阿术问。

"要杀便杀，没什么好说的。"李庭芝、姜才态度非常强硬。

阿术本想留下他们，却听降将朱焕说："扬州自用兵以来，尸骨遍野，就因为他们两个一直不肯归顺，害得全城的老百姓都跟着受苦。若不把他们杀了，怎么对得起已死的将士和百姓！"于是二人被推出辕门，同一天被斩首。

就在李庭芝死后不久，元军攻陷真州，守城苗再成与城共亡。从此，两淮之地，都是元军的天下了。

元军乘胜大举南下，浙西、浙东和江西的元兵，以端宗皇帝为攻击目标。阿剌罕、董文炳、忙古歹、唆都等分别带领水师，南袭福建、广东沿海的州郡。大将塔出与吕师夔、李恒的骑兵则沿永嘉南进。

三路进攻的消息传到福州，朝廷又开始动摇了。文天祥认为，朝里既然还有正式军队十七万人，民兵三十万人，何况正规军里有一万多名淮军的精锐部队，如果善加指挥，大可以背水一战，根本不必奔逃。

但是陈宜中这个胆小鬼可不这么想，他已经沉不住气了。他既不同意文天祥进军浙江，也不同意文天祥反攻江西而与战友会合，还命令文天祥自南剑移兵汀州（今福建长汀），南剑州的防务交给都承侍郎王积翁负责。

陈宜中下令，命张世杰准备船只，大家都慌慌张张地跟着皇帝逃命去了。文天祥的大军南移之后，浙南闽北更形同虚设，元人见机会难得，立即发动攻势。元兵统将阿剌罕越衫关，打处州，李珏不敌而投降。接着进占邵武、建宁，以居高临下的姿态逼迫南剑州。王积翁受不了，连忙拱手请降，于是元军直取福州，知州王刚中也不战而降。

大局已经到了无可挽回的地步，各地的守将逃的逃，降的降，宋朝几乎是到了全面瓦解的地步了。

端宗皇帝跟着一群逃难的官员到了泉州避难。泉州的地头蛇蒲寿庚本是商人出身，只知道赚钱，他瞧这破落户的小朝廷来到他的地盘，便想利用端宗好好做笔生意。更糟糕的是，随着陈宜中、张世杰来的军队已经军心涣散，常常在民间闹事，使当地人非常不满。

蒲寿庚暗地里跟元兵联络，谈好价钱，打算来一个非常行动。

张世杰发现此人图谋不轨，于是和陈宜中商量多次，结果决定再次迁都。蒲寿庚发现事情败露后，干脆先下手为强，鼓动全城百姓起来仇杀。

端宗皇帝虽然被陈、张二人拥着逃走了，但是来不及跟去的皇亲国戚和大队淮军，都被砍杀得片甲不留。随后，泉州便升起了大元的旗帜。

北面的福州和南面的泉州城都投降了，夹在两城中的兴化府，受到重大的威胁。守兴化府的陈文龙，是极少数的爱国分子之一。王刚中献出福州以后，曾派代表送信来，劝他投降，如此不但可保性命，还可享受荣华富贵。

陈文龙读过来信以后，咬牙切齿地说："我也是宋朝的状元，即使不念国家的恩惠，也要替天下读书人争一口气。"

于是他下令把送信的正使杀了，让副使持回信而去，信中骂王刚中背恩叛国。兴化城有许多谋士,都来劝他,说:"识时务者为俊杰,宋朝大势已去,兴化孤城是守不住了,不如跟元人谈谈条件!"

陈文龙却回答:"你们怕的就是一个死,要知道,人总是要死的,怕有何用?"

虽然陈文龙愿意抗争到底,其他的部将却不以为然。所以当陈文龙派部将林华去侦察元兵的行动时,林华竟偷偷引着元兵进来了。陈文龙当即被俘,弓刀手逼他投降。陈文龙指指自己的肚子说:"这里装的全是节义文章,你们怎么逼我都没用。"

大家见他不服,便把他送往临安城去,陈文龙在途中就绝食而死。

十月间,小朝廷命文天祥出兵汀州向南发展。十一月,文天祥将督府移到汀州。

重举义旗

收复江西

　　此时，文天祥有如中流砥柱，坐镇汀州。为了打开汀州的外围，文天祥特派督府参议官赵时赏和咨议官赵孟溁率兵由石城向宁都开进，又派参赞吴浚带兵驻防在瑞金，一方面可以掩护汀州，一方面可以作为进攻雩都（今江西省于都县）的前锋。

　　虽然还没有开战，这两支人马已经激起了千万人复国的决心，很多江西旧部都赶来集结。

　　文天祥的朋友刘沐也来了，文天祥便跟他谈起流亡淮东时，曾假冒他的名，两人都感慨万分。

　　刘沐沉实有谋，他留在督府里监带卫队，大家都叫他刘监军。这个刘监军最爱下棋，可惜每下必输，每输必骂，而且骂的是乡下野话。对此，文天祥总是一笑了之，并对左右说："他是十足的江西乡下人，听他骂人，勾起了我不少回忆。"

　　景炎二年（1277年）正月，元军来势汹汹，占领赣南一带的元兵，开始分路由宁都、雩都两地向汀州进攻。

　　文天祥想背水一战，与元兵拼死一搏，于是他立刻找汀州知府黄去疾商量，希望他能督率所有的士兵加强防守。黄去疾表面上连连称诺，但他仔细一想，此时端宗已被陈宜中、张世杰拥离了泉州，如今也不知逃到了哪里，现在汀州前有强敌后无援兵，怕也支持不了多久！何况自己的军队还比文天祥多，何必听命于他？

元兵一天天逼近，文天祥见黄去疾想拥兵自固，只好率部队退到福建漳州龙岩。在路上，文天祥正好遇到赵时赏由石城败退下来的那支人马，于是大伙便一同进驻龙岩县。

正在这时候，文天祥的二弟季万护送他的母亲跟一家人由江西逃出，准备避往梅州，途中经过龙岩边境。文天祥在四面战火中匆匆去会见一面，又匆匆地分别了。文天祥的夫人欧阳氏，生有两男两女，大儿子叫道生，小儿子叫佛生，长女是柳娘，次女是环娘。

家人南下梅州，文天祥也带着部队进入龙岩。经过许多天的行军，士兵们都感疲惫不堪，又听说汀州的黄去疾投降了元朝，士气更加低落。

元军统帅也认为，宋帝、宋后和大批文臣武将已经投降，宋朝天下也大部分落在元军手里，小皇帝也逃亡到了海上。文天祥已无可凭恃，现在劝他投降，他应该会答应，只要文天祥一投降，大宋也就完了。于是，元军头目便纷纷派人到文天祥那里劝降。

元朝的右丞相唆都、左丞相阿剌罕、参政董文炳、处州降将李珏和南剑州的降将王积翁等，都认为自己同文天

133

祥有过交往，能够劝降文天祥，于是就你一封我一封地写了劝降信。

这些和平攻势，对文天祥本人丝毫发挥不了作用，但是对都督府下面的文武官员来说，却有很大的影响。他们并不是都像文天祥一样意志坚定，所以这个铁打的阵线，似乎也隐藏着危机。

就在将士意志动摇的时候，吴浚来找文天祥了。这个奉命攻夺零都的吴浚，因为吃了败仗，所以也投降元军，现在奉了李恒的命令来做说客。

文天祥吩咐办一桌酒席给吴浚接风，还请各将官做陪客，刘沐觉得莫名其妙，便说："天祥，你这是搞什么鬼？许多将士已经失去了斗志，你这样做，会使他们更糊涂的。你不是真的想投降了吧？"

文天祥说："吴浚是我的老朋友，我们曾在江西共同奋战，抗击元军。现在我们不说其他，先陪吴参赞喝两杯。"

接风的酒席上，大家各怀心事，气氛很不和谐。酒过三巡，文天祥大声说："吴参赞是大家都认识的，他本来是负责收复零都的，现在怎么样？请各位看清楚。"

文天祥一挥手，两个贴身卫士突然上前，把吴浚绑起来。文天祥对他说："你这个软骨头，奉命进攻零都，不但不执行任务，反而拱手投降，如今还有脸面回来见我！"文天祥下令将叛徒吴浚拉到军旗下，然后对众将士说："我们义军是抗元救国的军队，军纪严明，执法如山，吴浚临阵脱逃，投降敌军，愧对祖先，愧对大宋，今天斩了这个叛将，来祭军旗，我们定能旗开得胜！"话刚说完，全军将士都狂呼起来，吴浚还来不及分辩，就已经人头落地了。祭旗后军心大振，将士们见文天祥这样坚决抗元，而且执法严明，更加坚定了胜利的信心。

文天祥率领义军，很快就攻占了梅州。梅州在广东东北部，地处南岭南麓。文天祥的部队经过一番整顿，五月从梅州开拔，越过南岭，进入江西，展开了收复江西失地的战斗。

文天祥的部队一到江西，勤王军的旧部和各地的义民纷纷起来响应，一场如火如荼的抗元斗争在整个江西展开了。上至文官武将，下至平民百姓，英勇抗元的事迹层出不穷。

文天祥的大妹夫一夜之间纠集勤王兵数千人，在龙泉起兵；二妹夫彭震龙出奇制胜，收复永新；萧明哲攻下万安；刘伯文取袁州；罗开礼取到了永丰。接着，萍乡、醴陵、崇仁、信州、黄州、湘潭、宝庆、衡山都传来捷报。

文天祥的大军连连打下了新化、安化、益阳、宁乡……除了赣州孤城，江西全被文天祥夺回来了。文天祥在江西连连获胜的消息传遍了全国，极大地鼓舞了各地人民的斗志，他们纷纷起兵响应，其势锐不可当。湖南、湖北、淮西等地区受湘、赣胜利影响，也掀起了抗元斗争。斗争烽火燃遍各地，出现了自抗元战争以来从未有过的大好形势。

空坑之役

　　元主忽必烈对文天祥在江西的重大胜利感到震惊不已，于是改派熟悉地形的汉人降将张弘范为统帅，令他不惜一切代价消灭文天祥领导的江西义军。张弘范又推荐西夏人李恒为副帅，李恒的西夏大军是蒙古草原上的精锐铁骑，凶悍无比，而且受过严格的军事训练。

　　张弘范率领大军，快马加鞭，火速赶来江南，驻在江州。而李恒更是雄心勃勃，亲领着他的精锐部队，由江州的建昌，进驻到临江。

　　文天祥没想到元兵来得这样快，这时候他正派出赵时赏攻赣州，邹洬攻吉州。李恒撞上了赵时赏的步兵，不等宋兵安营布阵，李恒便指挥着骑兵迎面冲过去。这些民兵都在南方长大，不习惯骑兵的套路，此时只见高头大马席卷而来，招架不住，很快就瓦解了。

　　文天祥得到消息以后，便带着队伍赶往永丰，打算跟邹洬的军队会合。哪里知道，屯在永丰的邹洬所率领的本就是杂牌队伍，指挥不灵，已被李恒的另一支主力部队击垮了。

文天祥没有得到邹洬的帮助，却遇上了李恒的元军，文天祥只好当机立断，率部队且战且退，向东南方向撤去。一心想早点消灭文天祥的元军统帅李恒率部队穷追不舍，一连追了二三百里，于八月十七日清晨，在庐陵东固的方石岭追上了文天祥，于是双方展开了一场血战，由天明打到午后，两边的伤亡都很多，但李恒那边援兵不断，宋军却越来越少。

文天祥手下的一名部将巩信，自引一队淮军挡在岭脚下迎敌，掩护文天祥往空坑撤退。

巩信身边只有几十名步卒，怎么能阻挡住大队元军呢？于是，老将巩信急中生智，令几十名士兵分别占据有利地形，一面死守住山口要道，一面呐喊助威，设下疑兵阵。元军沿山路冲了上来，巩信等人沉着应战，几十名英勇的战士用刀、枪将冲上来的元兵打得落花流水，元兵纷纷滚下山去。

李恒见巩信等人如此死守不退，竟敢以寡敌众，便怀疑后面一定有大批伏兵，这几十个人是在诱敌。于是他下令元军全都退下来，只许在远处放箭，不许贸然进攻。

巩信身中数十箭，支着钢刀安坐在大青石上。他的部下，也相互支撑，虽然周身是箭，却不肯后退半步，他们知道，只要自己一离开山口，元军的骑兵就会从这里通过，追上文天祥。几十个人咬牙坚守着，尽量拖延时间。

李恒让人抓来一个附近的百姓，逼他带路绕到山后，这才发现并没有埋伏。

"给我追。"李恒气急败坏地说。

文天祥此时已经退到空坑，空坑是个小村落，文天祥先派人护送母亲和长子道生连夜循着山路向汀州一路前进，自己带着其他的家人和疲乏的将士们在此处歇息一夜。

夜里三四点的时候，有人报告："后面的元军追上来了。"那时，监军刘沐正害着寒热病，一听说山上发现骑兵，他霍地起身跑出来，指挥卫兵们如何利用山地形势。

没有一会儿，山谷里升起一道火光，跟着就是厮杀声和喊叫声。老百姓的村子着火了，元军冲杀进来。在这危险关头，杜浒、邹洓把文天祥拥上马，挥鞭狂奔而去。敌兵穷追不舍，逃难的村人们又塞在山口，大家沿着狭窄的山路前进，因为天色昏黑，逃跑的人又是非常拥挤，孩子们哭喊着，老太婆也步履蹒跚地摸索着。

就在这时，元军的追兵上来了。两旁都是大山，前面的路又很拥挤，走不快，怎么办呢？忽然从山上落下一块巨石，砸死砸伤了几个元军骑兵，并堵住了山路，敌人的骑兵无法通过。

元军当然不肯就此罢休，又从后面绕过巨石急追上来。这时天色已明，起了大雾，几步之外什么也看不清。文天祥和部队在山路上走，听到远处元军骑兵越来越近，后来文天祥在灌木丛里听到外边路上有人大喝："站住，轿子里面是什么人？"

有人回答说："我姓文。"

元兵谁也没有见过文天祥，一听此人姓"文"，又看这气派，都认为是抓住了文天祥，前簇后拥地将他押解到李恒的帅营去请赏。

原来，夜里元兵赶来时，赵时赏也从空坑逃出来，他把身上所有的银子拿出来，雇了两个乡下人给他抬轿子。当元兵追到时，他冒充文天祥，为的是转移元兵的注意力。

押到陆兴府时，赵时赏就被人给认出来了，他一跨上刑堂，看见堂下已经绑着好几个督府里的同僚，每个人都是脚镣手铐，赵时赏看了一阵心酸。

"跪下！"堂上大喝，"你叫什么名字？竟敢冒充文天祥？"

赵时赏也不跪，只是哈哈地狂笑起来："我虽不是文天祥，但是文天祥也不在这里，所以这里就算我最大了。"他指着被绑的同僚说，"这些都是些小人物，在我手下打杂的，杀了也没用。"

堂上的人听了赵时赏的话，认为留着这么多一般的俘虏也没用，就放走了一大批，然后下令："把后边的一干人犯提出来。"

于是，一批一批部下都被押上堂，赵时赏歪着头看了看，只说都是些干小差事的，他都不太认识。

堂上火大了，问道："我们在空坑打了胜仗，难道只抓到他们的一些小人物吗？"

正在此时，下面又押着刘沐父子、吴文炳、林栋以及萧敬夫、萧焘夫上堂来。

刘沐已经病得奄奄一息，他一看见赵时赏，便流下泪来说："赵参议，这回连累你啦！"

"你这个乡下老头敢说大话？"赵时赏板着脸说，"他是在咱衙里打杂的，让他们回去种地吧！"

"好啊！你竟敢撒谎，他早已招认自己是文天祥的监军，你倒推得一干二净。"

元军将官下令，将赵时赏、刘沐等二十几人处死。

空坑之役，文天祥部队的损失较大，许多杰出将领以及亲密战友都牺牲或被俘了，他的家人除长子侥幸脱身外，夫人、次子、女儿及大妹都被元军俘获，再加上他的大妹夫、二妹夫相继遇害，真是雪上加霜，人亡家破。

这时候，文天祥收复的江西已经被李恒又夺回去了。各地军民虽然前仆后继，但不久便被各个击破。文天祥侥幸脱险后，沿途继续收拾残余的士兵，直向汀州奔去。

流亡的朝廷

文天祥退入汀州的时候，元军正在追逼小朝廷。陈宜中、张世杰拥着端宗皇帝避往浅湾，唆都得知以后，立刻率领水师突袭浅湾。张世杰措手不及，又带着小皇帝退往秀山，刚到秀山，又觉得离元兵太近了，不好防守，所以又迁往井澳。

就在乘船驶向井澳的途中，忽然遇到了大风浪，海涛汹涌不息，张世杰带领的一队船只，被吹得东零西散。

第二天早上，海面已经恢复平静。可是年幼的小皇帝经过这两年的惊恐、奔逃以及昨夜可怕的风浪，已经被吓出了病，他不停地哭闹，不肯坐船，吵着要回岸上。

当张世杰把吹散的船只找来时，陈宜中觉得大势已去，没什么希望了，但又不好直接跟张世杰开口，于是把皇帝搬出来做借口说："我看皇帝这个病，是不能再待在海上了。此处离占城不远，我先到那边安排一下，如果你们这边有办法，那我就在那里筹饷接济你们，万一这边无法立足，我那边就算是个退路。"张世杰也拦不住他，陈宜中便驾着海船，离开了流亡中的小朝廷。文天祥为了寻找皇帝的落脚处，便把惠州城交给他的大弟文璧坚守，自己则带着军队进入海丰

海丰县的文天祥公园

县，一面在惠州、潮州之间展开活动，一面派人往岭东沿海寻访朝廷的下落。后来知道皇帝已经搬到富阳。

十二月十五日，一艘元军的海船在海上遇到风浪，漂到潮州，被文天祥部队俘获。审讯俘获的元兵时，文天祥才知道，元世祖忽必烈视南宋的海上行朝为心头之患，认为只有先将其除之，才能平定各地的起义。所以这次，忽必烈派张弘范为"蒙古汉军都元帅"，不惜重兵进攻南宋行朝。

到了扬州以后，张弘范请李恒做副元帅，率领水陆军两万多人，负责江西一路军事，并命自己的弟弟张弘正为先锋，由浙东直趋福建。当张弘范由台州驱兵南下时，先锋部队张弘正已逼近岭东了。

驻在富阳的小皇帝只好又迁到硇洲，他的病是越来越严重了，到了硇洲没多久他便死了。

这么一来，皇室的根基就只剩下更年幼的卫王赵昺。文武官员都非常灰心，甚至有人步陈宜中的后尘溜掉了。

在这种情况之下，陆秀夫和张世杰挺身而出，拥护卫王即位，改"祥兴"为他的年号。小皇帝登位以后，陆秀夫升为左丞相兼枢密使，加张世杰为少傅，文天祥为右丞相。

朝廷一切还没有安排妥当，那边忽报雷州失守，张世杰觉得硇洲也受到威胁，于是他又开始寻找另一个避难的地方。找来找去，终于在广东新会县八十多里的海上，选择了海中小岛崖山。这个地方与奇石山相对立，就像是两扇大门，可说是天然的险要之地，可以防守。

于是，这年六月，宋帝赵昺的小朝廷迁到崖山。张世杰派人入山伐木，造行宫及军屋千余间，当时尚有官、民、兵二十余万，多居住在船中，资粮则从广东沿海州郡征集。

崖山朝廷站稳脚跟以后，派人往占城请陈宜中回朝，陈宜中却一口回绝了使者。于是崖山大大小小的事，变成张世杰治外，陆秀夫治内。

朝廷对外发出号召，请各地响应崖山政府而起兵。

兵败被俘

文天祥安葬老母后，进驻潮州，准备利用潮州的有利条件，练兵集粮，作复兴的准备。

潮州有几个地头蛇盘踞在那里，带头的一个叫陈懿，另一个叫刘兴。当文天祥准备收复潮州的时候，陈懿便派人来说，他们愿意服从文天祥的领导，请文天祥以潮州作为前进的根据地。于是在文天祥的保奏之下，朝廷封陈懿为左骁卫将军，知潮州府兼管内安抚使。

文天祥见潮州这边略为安定，而祥兴皇帝又刚登基，所以他很想回到朝廷看看。但是张世杰认为他目前最好不要移动，所以不准他来参加崖山的朝政。

但是皇帝又加封文天祥为少保、信国公，并封文天祥的母亲为"齐魏国夫人"，跟着文天祥的部下也都升了官。其实现在跟着文天祥的,大都是新人。他的老搭档被掳的被掳,战死的战死。尤其是在船澳的时候,碰到大瘟疫,部队里,上至将官下至士兵,前前后后死了好几百人,最不幸的是,文天祥的母亲和他的长子道生也在这场瘟疫里去世了。文家十一口人,有的被元军捉去,有的死去,到现在只剩下他孤身一人,他心中怎能不悲伤?然而,国难当头,个人的不幸已经不算什么了。

陈懿和刘兴这伙人本来都是地痞流氓,陈懿还有四个兄弟,他们横行山寨,无恶不作,人家都管他们叫"陈氏五虎"。在文天祥的保奏之下,他们虽然一个个都封了官,却还是不知感恩,反而更加猖狂,打着地方官吏的旗号,干尽盗贼的勾当。

潮州境内的老百姓受不了,有些人就偷偷跑到文天祥那儿,投诉喊冤。这一类的案件如雪片般飞来,文天祥就写信去劝导陈懿,陈懿不但不予理会,反而把告密者一个个都找出来,并把他们的全家杀个干净。

不平的哀鸣连连传来,文天祥虽然还在居丧期间,但也不能容忍,于是上报崖山朝廷,同时命军队赶到潮州去。部队进入潮州后,得到了当地老百姓的支持。陈懿知道大势已去,所以连忙带着他狐群狗党退到福建的边境一带。刘兴来不及逃走,被捉个正着,文天祥就把他推到潮州市上斩首示众。

陈懿心存报复,不肯罢休,当他知道张弘范兄弟已经由福建进驻岭东的时候，便高兴地去告密，他还主动引导张弘范的弟弟张弘正，带领 200 名轻骑，昼夜兼程，抄小路追击文天祥的中军。

那时候，文天祥正好派邹洬回江西招募义兵还没有回来，所以兵力很单薄。

张弘范神不知鬼不觉地进兵潮州时，文天祥不知道。直到哨兵在海岸捕获了一艘敌船，才知道元兵已经迫近潮州。文天祥立刻作了紧急部署，一面飞报崖山小朝廷，请张世杰防备，一面转移阵地到海丰，并打算沿着南岭筑一道防御工事，作为进可攻退可守的根据地。

距海丰北门外四里多路，有个通入南岭的大路口叫做五坡岭。此时，张弘范也到了海丰，和五坡岭隔着一湾海港。陈懿带着从各地掳来的一些船，打听到文天祥的踪迹，便隐在海港边，接应张弘正的先锋部队。

十二月二十日的早上，邹洬和刘子俊由江西带了几千个新兵回到了五坡岭，文天祥把新来的兵安顿好，然后对部将说："我们到了南岭，就可以据险结寨，哪怕元军再多，也难以越雷池一步。如今赵孟溁可以带几千人做前锋，邹洬做后卫……"

他们谈论着防御和练兵的计划，不知不觉便到了中午，大家便在小山村里吃午饭。有一个人搬出一张床来让文天祥坐下，邹洬、刘子俊、陈龙复和林琦等都坐在旁边。文天祥突然看见山顶冒出几个人影，他便问道："那边来的是什么人？"身边人答道："大概是打鹿的猎户吧！"

话还没说完，对面山上飞尘乍起，片刻之间，元军的骑兵像潮水一般冲了下来。四面传来嘈杂的马声，以及刀枪接触的声音。帐外的卫兵仓皇失措地喊着："元兵打来了！"

由于陈懿做向导，以及他所准备的船只，使得张弘正的先锋骑兵突然追到五坡岭下。

元兵越来越多，整个五坡岭已被敌军包围。宋兵措手不及，而且刚来的新兵没经过战阵，遇到这次突袭，个个抱头乱窜、哀号惨叫，漫山遍野找路逃生，多数士兵也惊骇不定地往南岭路上溃散。

文天祥跨上战马左右冲杀，战到精疲力竭，四边的人都不见了，他的眼疾又发作，于是跌在乱草堆里。邹㳬舞着大刀乱杀一阵，还没走上几里，背后又赶来大队骑兵，邹㳬知道逃不了，于是举起钢刀自杀。

这一仗，陈龙复被乱马踏死；刘子俊冒充丞相，诱敌被杀；空坑之役曾护卫太夫人和道生突出重围的少年英雄萧资，这次也丧生五坡岭。

张弘正肃清战场时，下令沿山路搜索文天祥，最后，在一个山谷里找到了。

那时文天祥因患眼疾，眼睛睁不开，当骑兵搜到他时，他从怀中掏出藏在身边的毒药吞下去，想以身殉国，谁知药力失效，只是头昏目眩，腹泻不止。就这样，文天祥和他的一些部下被元军俘虏了。

囚禁了七天以后，张弘正便押着他去潮州见元军元帅张弘范。一听到文天祥被活捉，张弘范大喜过望，忙说："赶快把文天祥带进来。"

张弘正愤愤不平地说："前日我提讯问他话，他不但不给我磕头，反而把我痛骂了一阵。要不是哥哥预先吩咐的话，我早把他杀了。"

"使不得！文天祥是安定南方的一股力量。我们得倚仗他笼络南宋义民的心，请他进帐吧。"

文天祥虽然手被绑着，依然气势昂然地走进去。

张弘范说："我乃是元军大元帅，望你能以礼相拜。"

"当年我会见伯颜、阿术都不曾下跪，而你不过是伯颜跟前的一条狗，岂有我向你跪拜之礼？"

"住口！"张弘正大怒，"不磕头便是死。"

文天祥不屑同他讲道理，便爽快而干脆地答道："我能死不能拜！"

张弘正还要张口，他哥哥阻止了他："文天祥在皋亭山的时候，我也在场，他的确没有向伯颜跪拜。"文天祥是个贤才，如果能拉拢他，必有大功，于是张弘范亲自为他解下绳索，并以礼相待。

元军的副元帅李恒，由江西、福建一路攻打下来，到了广州之后便包围惠州。文天祥的二弟季万正是惠州的守将，当他听到五坡岭惨败的消息时，立刻彷徨起来，为了能留下后嗣，他没有抵抗，便向李恒投降了。

崖山之战

现在，宋朝就只剩下最后一个据点——崖山。张弘范与李恒会合之后，决定速战速决。

他们在甲子门抓到一个宋兵，严刑拷打之后，逼问出崖山的方位形势，于是立刻向崖山进发。

崖山也接到了情报，张世杰与谋士们商量对策。谋士建议，绝对不能让出海的要塞港口被元军占领。张世杰暗忖：久处海中，军心不免渐渐离散，如果这次不能一决胜负，即使是突围出港，又能到什么地方去呢？

于是他下定决心，要与元军死拼。他说："这几年我们在海上漂泊，要到哪一天才是个头呢？如今张弘范既然要来，我们就打一场硬仗，定出个胜负吧！"

于是，他把岸上的行宫、一千多间兵房全部放火烧光，军队全数移到海上，并在沿海各口岸采办了大量粮食。

他用铁索把舟船连锁在一起，又在四周筑起楼棚，就像是一座人工造成的小浮岛。最后，他请皇帝跟朝廷搬到中间的一只御舟上。不久，崖海大战开始了。

张世杰的舰队有船一千多艘，而且多是大型海船，官民将士共有二十余万人，许多将领身经百战，士兵们背水一战，士气极高。

张弘范一看对方是连环战船，便下令士兵们以舟载干草，再浇上膏油，顺风纵火攻过去。而张世杰早已作了准备，他用厚厚的泥浆涂在船上，不容易着火，并在船上安排好撞竿，当元军的火种船一来，便用撞竿撞击火船。这种撞竿非常粗大，即使不能撞翻元人的船，至少也能顶住，不使它接近宋军的战舰。最后，元军的火种船自己燃烧起来，沉下海去。

火攻失败以后，张弘范便暂停了攻势。听说投降的部队里有一个张世杰的外甥，于是他就派此人去说降。这个外甥到舅父那儿求了三次，张世杰不但不降，反而开始跟外甥讲起历代忠臣义士的故事。

张弘范见此路不通，认为是说降者人微言轻，不够分量。又想叫文天祥写信劝张世杰降元，于是就派了一个姓李的元帅去见文天祥。

得知李元帅的来意后，文天祥气愤之极，反问道："我不能保卫自己的父母，却教唆别人也背叛父母，你说这可能吗？"

李元帅被反问得哑口无言，不知说什么好，可又不好回去向张弘范交代，就软磨硬泡地叫文天祥写点什么，以便自己带回去交差。

"好吧！我写个字条，张世杰看了，能不能让他投降我不管。"

来人急忙回到前线，将文天祥的字条呈送给张弘范，张弘范打开字条，原来上面写的是文天祥经过零丁洋时所作的一首诗：

辛苦遭逢起一经，干戈寥落四周星。

山河破碎风飘絮，身世浮沉雨打萍。

惶恐滩头说惶恐，零丁洋里叹零丁。

人生自古谁无死，留取丹心照汗青。

张弘范读到"人生自古谁无死，留取丹心照汗青"时非常激动，他连连赞道："好人，好诗！"

他把文天祥的诗搁下来，继续跟张世杰对抗。

崖山的两头各被张弘范、李恒围住，宋军被困在海上。张弘范派人大声喊话："你们的陈丞相已经逃走，文丞相又被俘获，你们还指望什么呢？赶快投降吧！"张世杰不肯投降，双方相持了半个多月。

渐渐地，水上行宫出现了非常严重的问题，因为他们被堵死在海峡之中，水源断绝，宋军没有淡水，吃了十多天干粮，渴得不得了，只好喝海水。喝了海水后士兵们呕吐不止，疲乏无力，战斗力锐减。

虽然如此，崖山方面依然坚持着，不肯投降。僵持了23天以后，张弘范不愿意再拖了，在一个暴雨天，他下了总攻击令，南面张弘范的部队暂时按兵不动，闻乐乃战，李恒从北面进攻。

李恒大军，利用火药进攻，又用强弩机发箭，一时炮火如雷轰，羽箭像雨落，张世杰在烟雾弥漫中，挡住由北面过来的李恒水师，彼此厮杀了一阵。

见南面的张弘范没有什么动静，张世杰就全力应付北边的李恒水军。杀到中午的时候，北边算是挡住了。此时正值涨潮时候，突然船中传出乐声，张世杰以为他们举行宴会，谁知道张弘范的奏乐就是进军号。南面的元军一听乐音，立刻扑向张世杰的大营。

船舰冲过来，元兵跳上宋军的船只，展开肉搏战。宋军南北受敌，士兵又身心疲惫，无力战斗，全线溃败。宋军将领翟国秀、凌震等解甲降元，张世杰、苏刘义从黎明坚持到黄昏，自知无望，斩断船索，率十六只战船拥着杨太妃突围出去。

赵昺的御船由于过于庞大，被外围的船只阻隔在中间，无法突围。不能眼看着靖康之难重演，也不能使皇帝落得和先皇一样的命运，陆秀夫决定和皇帝一起殉难。他首先叫妻子儿女跳海自尽，又对小皇帝说："国家到了这个地步，该是陛下殉国的时候了。"

小皇帝扑进他的怀里大哭，君臣相拥，陆秀夫亦痛哭失声，接着他抱起小皇帝，转身跳入狂风巨浪之中。

那一天，跟着投海自杀的宫眷、文武官员以及士兵非常之多。

夜里，张世杰率十六只义船奔逃到崖山，他们去见杨太后，要保护她往占城避难。杨太后流着泪说："我之所以漂泊万里，流落至此，完全为了赵氏的一点骨血，现在皇帝已死，我也没有希望了。"张世杰等人劝说不住，便退了出去，他们一走，杨太后立刻投海自杀了。

张世杰将杨太妃葬于海滨后，已经完全丧失了信心和希望。当他移师到平漳港口一带时，遇到了强烈的飓风。将士劝他弃舟上陆，以避风险，张世杰叹息道："我为宋朝仁至义尽了，一君身亡，复立一君，现在国已无君。我不在崖山殉难，只为元军退后，再立国君，以图恢复宋朝社稷。如今既然遇上飓风，恐怕是天意吧！"

部下们纷纷弃船而去，张世杰动也不动，结果风暴越来越大，最后船被风浪打沉。船翻之后，张世杰溺死在海中，后来有人打捞他的尸体，葬在附近的螺岛上，并将螺岛改名为海陵岛，就是纪念张世杰以海为其陵墓的意思。

数天之后，漂浮在海上的尸体多达十几万，惨不忍睹。陆秀夫的遗体浮出海面时，被当地人收葬。元军在清理战场的时候，发现一具身穿黄衣的幼童尸体，身上带有金玺，上书"诏书之宝"四字，元军将金玺送交张弘范，经确认正是赵昺随身携带的玉玺。张弘范大喜，立即派人去寻找赵昺尸体，但已经被海浪卷走，不知所终。

张弘范自以为对元朝立下不世之功，十分得意，派人在崖山北面石壁上刻了"镇国大将军张弘范灭宋于此"十二个字，以便"流芳千古"。可是事与愿违，他灭宋的罪行受到中原和南方人民的唾骂。明朝时，有人把这块石刻削去，改镌"宋丞相陆秀夫死于此"九个字，纪念陆秀夫这位殉节的忠臣。

浩然正气

押送大都

文天祥祠中的塑像

文天祥被软禁在广州，听到崖山行朝灭亡的消息以后，南向恸哭，非常绝望。

第二天，张弘范在广州举行庆功宴。他邀集了众将官，也把文天祥请来了，并让文天祥坐正席，不停地劝菜敬酒。文天祥坐在那里，一动也不动。

张弘范举起酒杯，很诚恳地对文天祥说："宋室已经亡了，您的忠孝之心也算尽到底了。现在，您还要为谁去拼命呢？如果您愿意回心转意，归顺元朝，丞相之位就是您的。"

忠孝是要有条件的吗？忠孝是为了被人称颂吗？文天祥不禁流下泪来，他说："从来没有听说忠臣会为了存亡而变心。从前殷朝亡了，伯夷叔齐不肯吃周家的饭，这才是真正的忠臣。目前大宋虽已没有寸山寸土，但我整个心都在大宋。国亡而不能救，为人臣的，简直死有余辜，怎么还好意思以亡国为借口，贪图做官呢？"

张弘范及在座的一些人听了这番话都很感动。既然无法转变文丞相的心意，他们便把从前跟过文天祥的仆人找来侍候他，并让他自由接见亲友，希望能用亲友的温情，挽回这位孤臣的死志。

元主忽必烈接到张弘范的奏书，对文天祥的气节，既欣赏又感慨。他下令使臣带着圣旨南下，命令护送文丞相入京。忽必烈还特别嘱咐："千万不可以怠慢他。"

在广州的最后几天里，文天祥的老部下杜浒前来为他送行。空坑之役后，杜浒奉命移兵至崖山朝廷。崖山海战中，杜浒被俘。此时杜浒已经身患重病，这次见面后没多久，他就去世了。

四月二十二日，文天祥离开广州，被押送大都。元军大元帅张弘范派都镇抚石嵩和囊家歹等人护送，一同被押北上的还有宋朝官员邓光荐。

他们从广州越梅岭进入江西，改走赣州水路。暮春三月，南国的景色是美丽的，但文天祥眼目中看到的却是"一样连营火，山同河不同"。在元兵的铁蹄蹂躏下，南国处处萧条零落，死气沉沉。

五月四日，元兵把文天祥押至南安。当文天祥踏上梅岭，越过关楼时，他举目远眺，只见哀鸿遍野，满目疮痍，祖国大好河山沦陷于异族之手，广大百姓陷于水深火热之中，文天祥不禁百感交集，满腔悲苦。他认为，既然未能为国尽责，现在被俘，应"不食周粟"，誓死不做元臣。此时，他便萌发了绝食的念头。他估算从南安开始绝食，舟行七八天，到家乡就会饿死，这样他的忠骨也就可埋于故里。于是，当天他就开始绝食，并在东山码头的囚船上，写下了一首慷慨激越的《南安军》：

> 梅花南北路，风雨湿征衣。
>
> 出岭谁同出？归乡如不归！
>
> 山河千古在，城郭一时非。
>
> 饿死真吾志，梦中行采薇。

文天祥以"饿死真吾志"表达了他决心效法伯夷、叔齐"不食周粟"，与元朝誓不两立的民族气节。

文天祥一绝食，押送他的石嵩急得要命，怕他饿死路途交不了差，就命士兵强灌。凶恶的士兵用竹片撬开文天祥的嘴，用竹筒强行灌入食物。嘴被撬破了，舌头被撬烂了，牙床被撬肿了，文天祥每次都被灌得满口鲜血，血水和食物一起吞入肚子。由于元兵野蛮的强灌，文天祥的绝食没有成功，他只好以泪洗面，横眉以对……

他们一路经赣州、吉州、隆兴，从湖口入鄱阳湖，进入长江后顺流东下，经安庆、池州、鲁港、采石矶，六月十二日到达建康，在建康逗留了两个多月。

在建康，文天祥为邓光荐编了诗集，取名《东海集》，意为应像鲁仲连那样，宁蹈东海而死，也不做秦朝的臣子，反映了他们宁死不向元朝统治者屈服的决心。

到建康不久，邓光荐就病了，往后文天祥要独自北上。两位志士要分手时，邓光荐依依不舍地写下了一阕《酹江月·驿中言别友人》，赠送文天祥：

> 水天空阔，恨东风不惜世间英物。蜀鸟吴花残照里，忍见荒城颓壁。铜雀春情，金人秋泪,此恨凭谁雪？堂堂剑气，斗牛空认奇杰。
>
> 那信江海余生，南行万里，属扁舟齐发。正为鸥盟留醉恨，细看涛生云灭。睨柱吞嬴，回旗走懿，千古冲冠发。伴人无寐，秦淮应是孤月。

这阕词赞扬了文天祥壮志凌云、百折不回的精神，也为他生不逢时、天不我助而无限惋惜。文天祥也步原韵和了一阕：

> 乾坤能大，算蛟龙元不是池中物。风雨牢愁无着处，更那寒蛩四壁。横槊题诗，登楼作赋，万事空中雪。江流如此，方来还有英杰？
>
> 堪笑一叶飘零，重来淮水，正凉风新发。镜里朱

颜都变尽，只有丹心难灭。去去龙沙，江山回首，一
线青如发。故人应念，杜鹃枝上残月。

封官诱降

文天祥继续北上，从建康经扬州、高邮、淮安、徐州、
新济州（今山东济宁）、河间，十月初一晚上到达大都。

文丞相踏进这北国的边城，驻马在会同馆的门前。

馆主出来问他："你是来投降的吗？"

"不是！"

馆主很不客气地说："我们会同馆只招待宋朝的降官，
你既然还未投降，别站在这儿啦！"

于是他们便另找了小店，让文天祥住下。那店家主人，
看他是个囚犯，便也不怎么理睬。

到了第二天晚上，这店主的态度突然大变，对文天祥
毕恭毕敬，满脸堆着笑，一会儿送点心，一会儿送被褥，
像是招待贵宾一般。追问之下，原来他是奉了博罗丞相的
命令，知道这个囚犯不是普通人，搞不好将来还是元朝大
丞相呢！

文天祥听了这些话一语不发，独自坐在冰凉的土坑上，
直到天亮，也没动店家送来的被褥和酒菜。

元朝权倾朝野的平章政事阿合马亲自来劝降。阿合马高

踞堂上,要文天祥下跪。文天祥昂首挺立,义正词严地说:"南朝宰相见北朝宰相,怎么能跪?"

阿合马讥讽地说:"你既是南朝宰相,怎么会来到这里呢?"

文天祥正言厉色答说:"南朝如果早用我做宰相,北人就到不了南方,南人也不会来北方了。"

阿合马无言答对,环顾左右说:"这个人生死由我……"

文天祥立即打断他的话道:"亡国之人,要杀便杀,说什么由不由你!"

阿合马毫无办法,只好把文天祥押到兵马司衙门囚禁起来!

文天祥身着南方衣冠,端端正正地坐在牢狱里,不说话,也不吃饭。这样坐了十天,身体不支,病倒了。这时,有一个叫张毅甫的人来看文天祥,他是文天祥的同乡。从前文天祥好几次保奏他出来做官,张毅甫都没有答应。当文天祥被囚北上,他还来船上与文天祥会面。现在文天祥到了燕京,此人又出现了。

他对文天祥说:"您当年声名显赫,许多人愿意追随您,自然用不着我再去凑热闹,现在,我希望能陪伴着您。我现在就住在兵马司的附近……"

文天祥本来都不肯吃东西,即使在病中,也不肯吃药。所以张毅甫在兵马司附近租了一间小屋子,专门替文天祥烧饭弄菜。

张毅甫说:"丞相不吃元朝的饭,这我是知道的,不过这些菜都是我自己的钱买的,您可以放心地吃。"

在朋友的照顾下,文天祥渐渐恢复了健康。

十一月初五,博罗丞相召文天祥到枢密院,再一次劝降。

文天祥被引到枢密院的大堂上,看到博罗宰相坐在堂上,其他大小官员分排两边,翻译官也站在一旁,于是长揖不拜,稳立在堂中。

翻译官从旁叫道:"跪下!"

"我们南朝的揖,就等于是北朝的跪。我是南朝的人,自然要行南朝的礼。"文天祥昂然不屈。

博罗看不惯这样高傲的态度,立时拍着公案,大声咆哮:"拉倒他!"

一群人闻声而上,拉的拉,按的按,有的还用膝盖抵着他的背脊,文天祥动弹不得,硬被压在地下。

"你还有什么话说?"翻译官问。

"我尽忠于宋朝,宋亡,现在只求速死。"文天祥直不起身,依旧朗声回答。博罗忍住气,换了一个话题:"自古以来,可有那为人臣的,把国家土地全送给别人,自己却逃走了?"

"从前我出使北营,要和伯颜谈和,你们竟然把我软禁起来,这才导致贼臣卖国求荣。"

"投降的恭帝,是不是你的皇帝?"

"当然是。"

"你们丢掉君王，另立二王，算什么忠臣？"

"恭帝不幸失国，此时此刻，社稷为重，所以另立君王。"

文天祥振振有词，而且有理有据，博罗说不出话来。

博罗身边的一个官员插嘴道："二王是逃走的人，立得不正，算是篡位。"

文天祥知道他们是在给自己找台阶下，于是又说："端宗皇帝是度宗的长子，恭帝的亲兄，怎能说是不正？且是在恭宗去位之后才登基，这叫什么篡位？何况，当初是奉太皇太后的懿旨拥二王出宫，怎能说是立得不正？"

左右都答不上来，大家你看我一眼，我看你一眼，都说不出话来。

博罗知道是自己的人失礼，于是避开刚才的话题，他问道："好！那么你后来拥立了二王，又有什么大功大劳？"

"做一天臣子尽一天责，谈何功绩！"

"既然已经知道国家没救了，又何必救呢？"

"你心里一定比我还要清楚，人臣事君，如子事父。倘若父母不幸患了重病，做儿女的能说，反正要死了，干脆不找大夫不吃药了，对一个孝子来说，他能这样做吗？"

博罗本来要驳倒他，反而被他上了一堂课，心中实在气不过。

文天祥继续说道："明知不可为而为之，这才是一个臣子尽忠尽孝的表现。我现在只求一死，你们不必再说什么！"

此时，博罗咆哮起来："你要死，没那么简单，我偏不叫你死，我要把你关起来，看你受得了吗？"

一场激烈的舌战就这样结束了，文丞相又回到囚牢里。

忽必烈派降元的原南宋左丞相留梦炎对文天祥现身说法，进行劝降。文天祥一见留梦炎便怒不可遏，破口大骂，留梦炎只好悻悻而去。元世祖只好又让降元的宋恭帝赵㬎来劝降。文天祥北跪于地，痛哭流涕，长跪不起，一直对赵㬎说："圣驾请回！"

元主看最后的一张王牌都赢不了他的心，其他的降臣还有谁敢到文天祥的跟前说话呢？既然软攻无效，所以才授权给两位丞相，逼他就范。

博罗想杀了文天祥，可是元主忽必烈以及许多大臣均不赞成，尤其是张弘范，他非常佩服文天祥，他说："文天祥忠于所事，若能说服他，对大元皇朝镇压南方有很大的帮助。"

于是，他们决定用长期的监禁，来消磨文天祥的心志，以达到他们预期的目的。

长期的折磨并没有使文天祥屈服，也没有使他得病死去。他认为，一个人只要有了正气，就可战胜各种邪气，所谓"以一气敌七气"。这种正气，就是孟子所说的天地间的"浩然之气"，就是对祖国、对民族忠贞不渝的骨气，就是宁折不弯的志气。胸存正气，面对挫折而不变节，经受苦难而志更坚。于是，文天祥在狱中写下了那首气壮山河的《正气歌》。

余囚北庭，坐一土室。室广八尺，深可四寻。单扉低小，白间短窄，污下而幽暗。当此夏日，诸气萃然：雨潦四集，浮动床几，时则为水气；涂泥半朝，蒸沤历澜，时则为土气；乍晴暴热，风道四塞，时则为日气；檐阴薪爨，助长炎虐，时则为火气；仓腐寄顿，陈陈逼人，时则为米气；骈肩杂遝，腥臊汗垢，时则为人气；或圊溷、或毁尸、或腐鼠，恶气杂出，时则为秽气。叠是数气，当之者鲜不为厉。而予以羸弱，俯仰其间，於兹二年矣，幸而无恙，是殆有养致然尔。然亦安知所养何哉？孟子曰："吾善养吾浩然之气。"彼气有七，吾气有一，以一敌七，吾何患焉！况浩然者，乃天地之正气也，作正气歌一首。

天地有正气，杂然赋流形。下则为河岳，上则为日星。于人曰浩然，沛乎塞苍冥。皇路当清夷，含和吐明庭。时穷节乃见，一一垂丹青。

在齐太史简，在晋董狐笔。在秦张良椎，在汉苏武节。为严将军头，为嵇侍中血。为张睢阳齿，为颜常山舌；或为辽东帽，清操厉冰雪；或为出师表，鬼神泣壮烈；或为渡江楫，慷慨吞胡羯；或为击贼笏，逆竖头破裂。

是气所磅礴，凛烈万古存。当其贯日月，生死安足论。地维赖以立，天柱赖以尊。三纲实系命，道义为之根。

嗟予遘阳九，隶也实不力。楚囚缨其冠，传车送穷北。鼎镬甘如饴，求之不可得。阴房阒鬼火，春院闭天黑。牛骥同一皂，鸡栖凤凰食。一朝蒙雾露，分作沟中瘠。如此再寒暑，百疠自辟易。哀哉沮洳场，为我安乐国。岂有他缪巧，阴阳不能贼。顾此耿耿在，仰视浮云白。悠悠我心悲，苍天曷有极。哲人日已远，典刑在凤昔。风檐展书读，古道照颜色。

就这样，三年过去了，文天祥在狱中以读书、写字、作诗为乐，土室中只有两部书：《杜甫诗》和《春秋》而已。于是，他除了自己作诗外，更用心力集杜甫各诗，成为一篇一篇的绝句，大约有两百首，里头多将忠奸并比，或是对贾似道、陈宜中、陆秀夫等人的评论。

此外，他整理被俘以来所作的诗歌，编为《指南后录》，与被俘之前的《指南前录》精神气魄是一致的，只是后者更加悲壮。另外他又写了百余首诗，集为《吟啸集》，里面多是哭他的亲人。

文天祥这时候还不到46岁，而愁苦已经夺去他的风采，他的眼角眉梢是皱纹，头发全白了，老态龙钟得像是70岁的人。无论在物质上或精神上，他都已经解脱了，但是却抛不开对亲人的牵挂和对故国的思念。

王积翁知道文天祥最牵挂的就是自己的家人，于是他想借着骨肉亲情来软化他。

在狱中，文天祥曾收到女儿柳娘的来信，得知妻子欧阳夫人和两个女儿都在宫中为奴，过着囚徒般的生活。他们是文天祥仅存的骨肉。文天祥深知，女儿来信是元廷的暗示：只要投降，家人即可团聚。尽管心如刀割，文天祥却不愿因妻子和女儿而丧失气节。他没有给女儿回信，只在写给妹妹的信中说："收柳女信，痛割肠胃。人谁无妻儿骨肉之情？但今日事已如此，于义当死，乃是命也。奈何！奈何！"又写诗道："痴儿莫问今生计，还种来生未了因。"

至元十八年（1281年）夏天，文天祥的大妹懿孙获释，与文璧一起准备返回故乡。文天祥知道后，剪下一束头发寄给家人，以示永诀。文天祥自幼通道术，生前曾看好过一块墓地，他给自己的幼弟文璋写了一封信，交代后事，信中写道："潭庐的西坑有一块地，可以买下来，把我安葬在那里。如果他们不准把我的尸骨运回老家，也要招我的魂灵，葬在那里。陞儿已经过继到我名下，我死而无憾了。只是可怜夫人、女儿等人流落到此……我这次北上，从广州到建康一段，都是和邓光荐在一起，他知我最深，盼望请他为我写一篇墓铭……"

舍生取义

当时元世祖忽必烈为了巩固统治，正在南宋官员中大量搜罗人才。有一天，他在朝堂上向文武百官问道："南北丞相，谁人最贤？"

大家回答说："文天祥乃当今人中之凤也，南宋人中无一及其项背者。"

元世祖早就知道文天祥的忠贞，如今听到这些话，更想用他做丞相了。于是王积翁和谢元昌立刻写信婉言相劝。

文天祥的回信很快就来了，他说："我知道诸君的心意，但是如果我今天变节，归顺元朝，必定遗臭万年。"

王积翁知道没有任何办法可以动摇他的心意，于是奏明世祖皇帝说："文天祥对宋朝忠心耿耿，是个刚直不阿的丞相。如果主上以礼待之，将他释放，陛下便会落得一个宽容惜才的美名，到时候一些有识之士必将纷纷归附。"

忽必烈听了沉默良久，关于文天祥是留着还是处刑的问题，意见太多，忽必烈还想等等看，于是对王积翁说："让千户好好侍候他的茶饭。"

粗食、美食对文天祥都是一样，他看见狱卒突然送来精致的饭菜，便托人告诉王积翁说："我文天祥不吃官饭已有好几年了，元朝为我准备的酒饭，我坚决不吃。"

到了这个地步，大家都死了这条心，不敢再说什么劝降的话了。

文天祥在兵马司住得久了，里边的人跟他熟了以后，都非常尊重、敬爱他。狱官长李指挥和魏千户对他特别好，甚至请他写些字画，下下棋什么的。尤其是无聊的日子里，大家就聚到他这边来，听他讲故事。

至元十九年（1282 年），文天祥两眼已经昏花，但他坐在土室里，依然朝南不朝北。

王积翁想联合几个人向忽必烈求情，把文天祥放出来。

留梦炎私底下对王积翁说："你别看他病得那个样子，但他仍然是那个在赣州起兵勤王、在京口九死一生的人。文天祥的倔强脾气改不了的。如果我们保他出来，将来出了乱子，你担当得起吗？"

留梦炎这么一说，王积翁便犹豫起来了。正在这个时候，有个走江湖的和尚自称善观星象，他上书给忽必烈说："夜观星象，预测十一月，土星犯帝座，恐怕那时会有兵乱。"偏巧皇太子不知从哪里得到一个匣子，里面藏着一份秘密文件，上面写着："……马上起义。到时先焚烧城墙上的草苇，然后率领两翼卫兵举火把接应……丞相可以不必担心了。"

大家都以为这"丞相"二字，指的是文天祥。当时，各地抗元斗争高涨。中山府（今河北定州）有一个自称"宋朝幼主"的义士，聚众数千人，声称要攻入燕京劫狱，营救文天祥丞相。

各地流言百出，弄得人心惶惶。麦术丁等人力奏元主，务必先解决文天祥以镇压人心。谁也料想不到，文件上说的"丞相"原来是元世祖身边的丞相阿合马，他暗中布置爪牙，打算引起暴动，好夺取帝位。

十二月初八，忽必烈在皇宫大殿中召见了文天祥，想亲自劝他归附。文天祥上到金銮宝殿，见了元世祖忽必烈，照样拱一拱手。

两旁的卫士大喝："好大的胆子，见了皇上还不快跪下。"说着，便跳出一名大汉，抽出钢节鞭敲他的膝盖骨。

文天祥的眼睛溃肿，头发苍白，瘦骨嶙峋，虽然两膝被打得颤抖，仍然像根柱子，动也不动。元主突然生起了一种对末路英雄的同情，便挥挥手，止住卫士动粗。

元世祖问他："文天祥，你来这里的时间也不短了，我一直不忍心杀你。如果你愿意回心转意，效忠于我，我要把中书省宰相的位子给你。"

文天祥回答："我文天祥受了宋朝的恩惠，官至宰相，如今宋朝不幸亡国了，我理所当然应以死报国，怎能做别人的宰相呢？"

"那么，派给你一份清闲的职务，你愿意吗？"

"赐我一死之外，别无他求！"

元世祖叹口气，摇摇头，让他退下。

北京的文天祥祠堂

第二天，有人奏请说："文天祥既不愿归附，不如成全他的请求，赐他一死。"麦术丁从旁力劝，元世祖勉强答应了，于是下令将文天祥赐死。

当天，一群元兵便来到狱里，文天祥见此情形，便知是怎么回事，高兴地说："我的事情，今天终于完成了。"从到元大都的那天起，文天祥就想以身殉国，没想到竟拖了三年之久，今天终于如愿以偿了。

文天祥神色自若到了刑场，宣使问他："有什么话讲没有？现在回奏还来得及。"

他抬起头四下看看，问道："哪一边是南？"

于是朝南跪下，再拜道："大宋遗臣文天祥，报答国家到此为止。"

殉国以后，一个看守他四年的狱卒发现文天祥衣带上的遗书。遗书上写着：

吾位居将相，不能救社稷，正天下，军败国辱，为囚虏，其当死久矣。顷被执以来，欲引决而无间，今天与之机，谨南向百拜以死。其赞曰：孔曰成仁，孟曰取义，惟其义尽，所以仁至。读圣贤书，所学何事？而今而后，庶几无愧！宋丞相文天祥绝笔。